통박사의
중학사회
으로 끝내기 국제정치

사회 포기자를 구원해 줄 희망의 스토리텔링 통합사회책

통박사의 중학사회 통으로 끝내기

국제정치

김상훈 지음

카시오페아
Cassiopeia

머리말

　초등학교부터 우리 아이들은 학교에서 사회 과목을 배웁니다. 그래봤자 내 고장의 문화재나 유적지를 인터넷으로 조사하는 정도라고 생각했습니다. 하지만 아이의 사회 책을 들여다보고, 제 생각이 틀렸다는 사실을 깨달았습니다. 정말 많은 내용이 담겨 있었습니다. 그래도 그 내용이 복잡하지는 않아 다행이었습니다.

　아이가 중학교로 진학했습니다. 사회 책은 더 두꺼워졌습니다. 책을 훑어보았습니다. 초등학교 때 배웠던 것도 있고, 새로 추가된 것도 있었습니다. 예상했던 대로입니다. 하지만 제가 놀란 부분도 있습니다. 학습 내용이 초등학교와 비교가 되지 않을 정도로 깊어졌다는 겁니다. 중학생이 이 정도까지 배워? 이런 말이 절로 나왔습니다.

　많은 지식을 전달하는 게 교과서의 사명이라면, 지금 교과서는 아주 훌륭합니다. 수록된 지식의 양은 정말로 놀랄 정도이니까요.

　다만 인문학적인 교양을 아이들에게 심어주기 위한 게 사회 교과서의 사명이라면, 지금 교과서는 미진한 데가 많습니다. 지식은 풍부하게 수록돼 있지만, 왜 그런 지식이 나왔는지에 대한 배경설명은 생략돼 있습니다.

가뜩이나 어려운 용어를 잔뜩 늘어놓았습니다. 물론 친절한 설명은 볼 수 없지요. 교과서는 항상 엄숙해야 하는 것일까요? 그러니 학생들은 사회를 이해하기 힘든 과목, 암기하는 것도 어려운 과목으로 인식합니다. 교과서의 엄숙함이 이런 인식에 적잖이 '기여'했다는 사실을 부정할 수는 없을 것 같습니다.

물론 예나 지금이나 사회는 쉽지 않은 과목입니다. 하지만, 동시에 사회는 인문학의 보고입니다. 그 안에 역사가 담겨 있고, 철학이 숨어있습니다. 법과 정치, 국제외교, 문화, 사상이 배어 있습니다. 다시 말해 사회는 청소년들이 앞으로 살아가는 데 있어 양식이 되는 과목입니다.

사회 과목을 자유자재로 놀 수 있는 아이들이 훗날 이 나라를 짊어지고 갈 것입니다. 저는 이 생각이 절대로 틀리지 않을 것이라 확신합니다. 가치관이 형성되는 중학생 시절, 사회 과목과 친구가 돼야 하는 이유입니다.

이 책은 중학 사회 책에 수록된 내용 중에서 아이들이 힘들어 하는 내용을 분야별로 스토리텔링 방식으로 풀었습니다. 스토리가 없는 공부는 지겹고 무미건조합니다. 이 책이 사회 공부를 한결 쉽게 하는 데 도움이 됐으면 좋겠습니다.

 김상훈

차례

7장 **통일 대박 이루려면**

1장

광개토대왕,
중국 호령하다

도와주세요

사회책을 보면 고구려 이야기가 나와요. 그런데 너무 복잡해요. 요동 지방이며 요서 지방이란 말도 나오고, 낙랑이니 연나라니 하는 나라 이름들도 나오고…. 이런 말들은 어디선가 들어보긴 한 것 같은데, 역사가 복잡해서 그런지 금세 까먹어요. 솔직히 고구려 역사가 너무 오래전의 일이라서 꼭 공부해야 하는 건가 하는 생각도 들어요. 조선이나 근대 역사도 공부하기 벅찬데…. 통박사 님, 꼭 고구려 역사를 알아야 하는 건가요?

통박사의 어드바이스

고구려 역사가 낯설고 어렵니? 다른 학생들도 그러니 크게 염려하지는 마. 그 옛날에 부르던 지명이나 국명이 현재와는 많이 달라. 요즘은 '중국'이라고만 하면 다 통하지만, 그때는 여러 나라가 생겼다가 멸망하기를 반복했어. 헷갈리는 게 당연해. 그렇다고 해서 고구려 역사 공부를 멀리해서는 안 돼. 고구려의 영토는 오늘날 중국에 속해 있어. 중국은 고구려 역사를 자기들의 것으로 만들고 싶어 해. 우리가 방심하면? 그랬다가는 눈 뜨고 코 베이는 상황이 될 수도 있어. 맞아. 고구려 역사를 도둑질당하는 거야. 그래서는 안 되겠지? 고구려가 만주를 포함해 동북아시아를 호령했다는 사실을 알아야 해. 고구려 광개토대왕의 정복 이야기를 기억하렴. 지금부터 고구려인의 기상을 배워볼까?

우리 민족은 선택받았어, 선민사상

중국이 세계의 중심이다? 중국 문화가 세계 최고다? 중국인을 빼면 모두 열등한 오랑캐다?

중국인들의 이 비뚤어진 생각을 '중화사상(중화주의)'이라고 불러. 지금으로부터 2천 년도 훨씬 더 거슬러 올라가야 하는 춘추전국 시대 때부터 나온 사상이야. 참으로 거만한 생각이지. 자기들이 세계의 중심이라니!

사실 중국인들과 똑같은 방식으로 생각한 민족이 또 있어. 이스라엘을 세운 민족, 바로 유대인이야. 유대인들은 자신들이 하늘로부터 선택받았다고 믿었어. 이처럼 자기 민족이 가장 우월하다고 생각하는 이념을 '선민사상'이라고 한단다. '선택받은 민족'이란 뜻이야.

이 선민사상은 때론 세계 평화를 위협할 수도 있어. 극단적인 선민사상에는 다른 민족을 경멸하는 생각이 녹아 있기 때문이야. 역사상 최악의 선민사상을 가진 인물이 누구인지 아니? 바로 제2차 세계대전을 일으킨 히틀러야. 히틀러는 이렇게 공개적으로 말하고 다녔어.

"게르만족은 인류 역사상 가장 위대하며 완벽한 민족이다. 반면 유대인은 벌레와도 같은 민족이다. 위대한 게르만족은 유대인을 박멸할 의무가 있다."

선민사상이 비뚤어지면 얼마나 무서운지 알겠지? 히틀러는 유대인을 수용소에 가뒀을 뿐 아니라 독가스로 대량 학살했어. 말로만 다른 민족을 차

별한 게 아니라 실제로 그 민족을 지구 상에서 없애버리려고 한 거야. 정말 섬뜩하지?

히틀러의 선민사상은 극단 중의 극단이야. 중국의 중화사상은 그 정도까지는 아니었어. 물론 다른 민족을 무시한 건 사실이지만 말이야. 이제 다시 중화사상으로 돌아가 이야기를 진행해 볼까?

이민족이 중국을 다스리던 5호16국 시대

중화사상은 춘추전국 시대 때 등장했다고 했지? 이 사상은 춘추전국 시대를 끝낸 진나라와 그 뒤를 이은 한나라 때 더 그럴듯하게 다듬어졌어. 중국 민족을 '한족'이라고 하고, 중국 문화를 '한문화'라고 하며 중국 글자를 '한자'라고 하지? 그게 모두 바로 한나라에서 비롯된 거야.

보통 우리와 다른 민족을 부를 때는 '이민족'이라는 단어를 써. 하지만 고대 중국인들은 이민족을 '오랑캐'라 불렀어. 남쪽의 이민족은 '남만', 북쪽의 이민족은 '북적', 동쪽은 '동이', 서쪽은 '서융'이라 했지. 방위를 가리키는 동서남북만 빼면 나머지 한 글자는 모두 오랑캐란 뜻이야. 한반도는 중국의 동쪽에 있지? 그러니 중국인들은 우리 선조를 동이족이라 불렀단다.

이렇게 잘난 척하던 중국인들이 이민족에게 된통 당하던 때가 있었어. 바로 '5호16국 시대'야. 5개의 오랑캐 민족과 16개 국가가 활동하던 시대란 뜻이지. 이민족이 중국 본토로 쳐들어가 한족 왕조를 무너뜨리고는 곳곳에 자기들의 나라를 세웠기에 이런 이름이 붙었어. 그 시작을 살펴볼까?

5호16국 시대를 연 민족은 중국 서북부의 흉노족이야. 흉노족은 거친 유목 민족이었어. 그 강하다는 진나라와 한나라도 흉노족을 완전히 제압하지는 못했어. 흉노족은 때로는 협력하는 척했다가 때로는 무력시위를 벌이는 식으로 중국의 한족 정권을 힘들게 했어.

흉노족의 한 부족을 이끌던 유연이란 추장이 있었어. 그가 중국으로 쳐들어갔어. 이때 중국 본토에 있던 나라는 한족의 진이야. 앞에서 말한 진과 이름이 같지만 다른 나라야. 헷갈리지 마.

어쨌든 진은 유연을 당해낼 수 없었어. 결국, 진은 수도를 내어주고 멀리 강남으로 달아날 수밖에 없었어. 강남에서 새로 나라를 세웠는데, 그게 바로 '동진'이야. 동쪽에 세워진 진나라란 뜻이지.

흉노족이 왕국을 건설한 이 사건이 신호탄이 됐어. 사방에서 이민족들이 들고일어났지. 그 이민족들은 중국을 무려 100년 넘게 휘젓고 다녔단다.

복잡한 중국 역사는 일단 여기까지만 할게. 그런데 왜 중국 역사를 꺼냈는지 궁금하지? 앞으로 꺼낼 이야기는 고구려에 관한 것이야. 고구려는 중국과 가까운 곳에 있었어. 그러니 신라나 백제보다 더 많이 중국과 얼기설기 엮이게 돼. 4~5세기 중국의 역사를 어느 정도는 알고 있어야 고구려 역사도 이해할 수 있다는 뜻이야.

중국이 5호16국의 시대로 접어들 무렵 한반도의 상황을 살펴볼 차례야.

우선, 그 전에 지금까지의 한반도 역사부터 간략히 알아두고 넘어가는 게 좋을 것 같아. 그래야 전체 역사를 술술 이해할 수 있거든.

고조선의 영토는 오늘날의 한반도를 넘어 만주 일대까지 퍼져 있었어. 당연히 요동 지방은 고조선에 속해 있었어. 하지만 후기로 접어들면서 영토 일부분을 중국에 빼앗겼지.

고조선은 중국 한나라에 멸망하면서 역사 속으로 사라졌어. 한나라는 고조선을 무너뜨린 후 한반도 북부에 4개의 군을 설치했어. 낙랑군, 진번군, 임둔군, 현도군이 그것이야. 이를 '한사군'이라고 불러.

그 후 고구려가 세워질 때까지도 낙랑군은 한반도에 버티고 있었어. 나머지 3개 군은 일찌감치 사라지거나 요동 지방으로 쫓겨났지. 그 대신 진번군의 일부였던 지역이 남아서 대방군이라 불리고 있었어. 낙랑군과 대방군은 고구려와 백제 사이에 있었던 것으로 추정되고 있어. 오늘날로 치면 한반도 서북 지역이야.

고구려 초기 역사는 이 중국 세력과의 대결의 역사라고 할 수 있어. 고구려는 고조선 유민들을 적극 받아들였어. 한사군과 투쟁하면서 고구려는 점점 성장했어. 주변의 작은 부족 국가들도 하나씩 흡수했지. 조금씩 제도도 개선하면서 고대 국가로서의 모습을 갖춰나갔어.

한나라가 멸망한 후 중국은 위나라, 촉나라, 오나라가 서로 겨루는 삼국시대로 이어졌어. 중국은 혼란, 그 자체였지. 게다가 한사군 중 일부였던 낙랑군과 대방군은 더는 중국과 관련이 없는 지역이 됐어. 맞아, 이 무렵 두 지

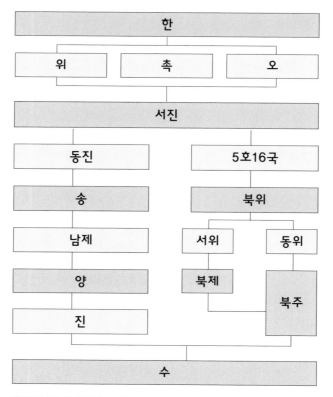

```
            ┌─────────────────────────┐
            │            한            │
            └─────────────────────────┘
       ┌──────────┬─────────┬──────────┐
   ┌───────┐  ┌───────┐  ┌───────┐
   │   위   │  │   촉   │  │   오   │
   └───────┘  └───────┘  └───────┘
            ┌─────────────────────────┐
            │           서진           │
            └─────────────────────────┘
       ┌───────────────────┬───────────────────┐
   ┌───────────┐                   ┌───────────┐
   │    동진    │                   │  5호16국   │
   └───────────┘                   └───────────┘
   ┌───────────┐                   ┌───────────┐
   │     송     │                   │    북위    │
   └───────────┘                   └───────────┘
   ┌───────────┐            ┌───────┐     ┌───────┐
   │    남제    │            │  서위  │     │  동위  │
   └───────────┘            └───────┘     └───────┘
   ┌───────────┐            ┌───────┐     ┌───────┐
   │     양     │            │  북제  │     │       │
   └───────────┘            └───────┘     │  북주  │
   ┌───────────┐                          │       │
   │     진     │                          └───────┘
   └───────────┘
            ┌─────────────────────────┐
            │            수            │
            └─────────────────────────┘
```

위진남북조 시대의 왕조 계통도로 한나라가 망한 후 위, 촉, 오 삼국 시대
가 한반도의 고구려 초기이다.

역은 힘이 빠져 있었어. 우리가 세력을 키우고 중국 세력을 몰아내기에 아
주 좋은 기회지?

 고구려의 왕들이 대대로 중국 세력과 싸웠다고 했지? 지금까지는 맛보기
에 불과해. 앞으로는 본격적인 대결이 펼쳐질 거야. 제11대 국왕인 동천왕
의 이야기부터 시작할게. 자, 출발.

조조의 위나라와 싸운 고구려 동천왕

동천왕은 3세기 초반과 중반에 고구려를 통치했어. 당시 중국은 혼란스런 삼국시대였어. 그러니 고구려와 인접한 국경 지대까지 살피지 못했어. 동천왕은 그 기회를 노려 요동 지방으로 진출하려는 야심을 품었어. 그래, 고구려의 '요동 되찾기 프로젝트'가 시작된 거야.

위, 촉, 오 중 가장 먼저 고구려에 손을 내민 나라는 오나라였어. 강력한 위나라를 상대하려면 고구려와의 연합이 절실하다고 생각했기 때문이야. 동천왕은 오나라의 협력 요청이 썩 반갑지는 않았어.

'위나라가 세 나라 가운데 가장 강하다. 오나라는 나머지 변방의 국가들보다 강하긴 하지만, 위나라를 이길 순 없을 것이다. 우리는 위나라와 화친하고, 오나라를 멀리해야 한다.'

236년, 오나라가 그런 동천왕의 생각도 모르고 사신을 보내왔어. 동천왕의 선택은 어땠을까? 동천왕은 오나라의 사신을 죽이고 위나라로 보냈어. 위나라와 친해지고 싶다는 마음을 전하기 위해서였지. 이로써 위나라와 고구려는 한결 가까워질 수 있었지.

잠시 고구려와 국경을 접한 지역을 볼까? 이 무렵 이곳은 공손 씨 세력이 장악하고 있었어. 공손 씨는 오나라와 위나라 사이를 오락가락하다가 결국에는 위나라에 착 달라붙었어. 위나라는 공손 씨를 요동 태수로 임명했단다.

하지만 공손연이란 인물은 더 큰 꿈을 품고 있었어. 요동 태수로는 성에 안 찼어. 위, 촉, 오와 같은 '메이저 국가'가 돼서 천하를 제패하려 했어. 그는 연나라를 세우고 위나라로부터 독립을 선언했어.

238년, 위나라가 연을 공격했어. 고구려 동천왕도 군사 1천 명을 지원했지. 이 전투로 연나라는 멸망했어. 고구려의 도움을 받았으니 위나라가 많은 배려를 해 줬을까? 아니야. 위나라는 고구려와 직접 국경을 맞대게 되자 압력을 가하기 시작했어. 동천왕의 예측이 틀린 셈이지.

하지만 물러설 순 없었어. 위나라를 도운 것도, 사실은 연나라를 제거해 요동 지방으로 진출하기 위해서였거든. 그러니 인제 와서 발을 뺄 수는 없어. 동천왕은 결심했어.

아무리 위나라가 강하다 해도 우리가 죽기 살기로 싸우면 이기지 못할 게 없다. 고구려 병사들이여. 용맹을 보여줘라!"

폐허가 된 환도산성 망루. 동천왕은 위나라에 패해서 환도성을 버리고 평양성으로 수도를 옮겨야 했다.

242년, 고구려가 요동 지방의 서안평(오늘날의 주롄)을 먼저 공격했어. 여기는 중국 본토와 한반도의 낙랑군을 연결하는 중요한 곳이었어. 동천왕이 야심 차게 선제공격을 한 거야.

하지만 위나라는 강했어. 곧 유

주자사(유주 지역의 태수란 뜻이야) 관구검이 대군을 이끌고 반격에 나섰어. 패배. 고구려 군대가 밀리고, 또 밀렸어. 그러기를 몇 차례, 결국에는 고구려의 수도인 환도성까지 함락되고 말았단다. 큰 위기를 맞은 셈이야.

다행히 고구려가 다시 총력 방어에 나서 위나라 군대를 몰아낼 수 있었어. 수도로 돌아온 동천왕은 가슴이 무너져 내리는 줄 알았어. 환도성이 폐허가 돼 버린 거야. 어쩔 수 없이 평양성으로 임시 수도를 옮겨야 했지. 요동 되찾기 프로젝트는 이렇게 실패로 끝나고 말았단다.

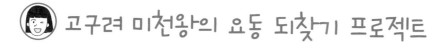
고구려 미천왕의 요동 되찾기 프로젝트

302년.

5호16국 시대가 시작되기 2년 전이야. 삼국시대보다 더 혼란스러운 시절이었지. 중국은 국경 지대를 관리할 여유가 없었어. 그 틈을 노려 고구려의 15대 국왕 미천왕이 요동 지방의 현도군을 공격했어. 맞아. 한사군 중 하나였다가 요동 지방으로 쫓겨난, 바로 그 현도군이야.

이 전투는 큰 의미가 있어. 고구려의 '요동 되찾기 프로젝트'가 부활했다는 신호탄이거든. 사실 미천왕은 이 프로젝트에 평생을 바친 인물이란다. 자. 이 전투의 결과를 볼까? 미천왕은 8천여 명의 포로를 붙잡고 귀국했어. 그래, 큰 성과를 거둔 거야.

그 후로도 미천왕의 활약은 계속됐어. 313년에는 낙랑군을 쳤고, 314년에는 대방군을 쳤지. 물론 모든 작전에서 성공을 거뒀어. 그 결과 미천왕은 중국 세력을 한반도에서 완전히 몰아낼 수 있었단다. 5호16국 시대의 혼란이 고구려엔 큰 도움이 됐던 거야.

고구려는 낙랑군과 대방군이 맡았던 중계무역을 넘겨받았어. '중계무역'은 한 나라로부터 물건을 사들인 후 다른 나라에 그대로 되팔아 돈을 버는 무역 형태야. 낙랑군과 대방군은 중국과 한반도 남부, 일본 사이를 연결하는 중계무역으로 많은 돈을 벌고 있었단다. 이젠 고구려가 직접 중계무역을 하게 됐으니 경제적으로 큰 도움이 됐겠지?

하지만 미천왕은 요동 지방을 장악하지 못했어. 5호16국 시대의 주역이 5개 이민족이라 그랬지? 그 중 하나인 선비족, 그중에서도 모용선비족이 강해졌기 때문이야. 미천왕이 여러 차례 요동 지방을 공격했지만 모용선비를 완전히 제압하지는 못했어. 결국, 요동 되찾기의 꿈은 좌절되고 말았어.

잠시 이런 상상을 해 봐. 만약 이때 미천왕이 모용선비족만 정복했더라면? 훗날 모용선비족은 중국 한복판으로 밀고 들어간단다. 그런 모용선비족을 미리 정복했다면, 고구려 군대가 중국 한복판으로 진격했을 수도 있어. 그랬다면 오늘날의 중국은 한반도 역사의 일부가 됐을 수도 있지.

331년 미천왕이 세상을 떠났어. 그의 아들 사유가 16대 고국원왕에 올랐지. 고국원왕은 모용선비족의 침략에 대비해 국경 지대의 산성을 대대적으로 정비했어. 모용선비족이 하루가 다르게 성장하고 있었거든.

337년 모용선비족이 독립을 선언했어. 이 나라가 '연(전연)'이야. 훗날 이 연나라가 망하고, 또 다른 연나라가 세워지기 때문에 두 나라를 구분하기 위해 '전연' '후연'이라고 한단다.

전연의 왕 모용황은 당장에라도 중국 본토로 진격하고 싶었어. 하지만 그럴 수가 없었어. 군대를 남서쪽으로 집중시킨 틈을 타 동쪽에 있는 고구려가 쳐들어오면 당해낼 수 없기 때문이야. 모용황은 생각했어.

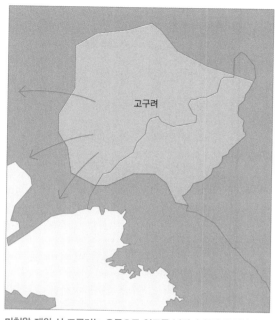

미천왕 재위 시 고구려는 요동으로 영토를 넓히기 위해 끊임없이 모용선비족을 공격했다.

고구려는 아주 강한 나라다. 만약 고구려가 주변의 다른 민족까지 끌어들여 우리를 치면 절대 막을 수 없을 것이다. 중국을 차지하려면 먼저 고구려부터 굴복시켜야 한다. 그것만이 유일한 해법이다.'

342년.

전연 군대가 고구려를 공격했어. 고구려로 가는 길은 두 가지였어. 북쪽 길은 평탄하고 넓었으며, 남쪽 길은 험하고 좁았어. 모용황은 부대를 둘로 나눴어. 상식대로라면 평탄한 북쪽 길로 대군을 보내고, 험한 남쪽 길로는 소수 부대를 보낼 거야. 험한 남쪽 길로 대군을 보냈다가 고구려 군대에 포위되면 모든 게 끝장이잖아?

전연은 이 상식을 깼어. 험한 남쪽 길로 4만의 대군을 보낸 거야. 게다가 왕이 직접 지휘했어. 그렇다면 고구려에선 어떤 전략을 짜고 있을까? 고구려 진영에서 작전회의가 벌어지고 있었어.

적은 틀림없이 군대를 둘로 나눠 진격해 올 겁니다. 우리도 이에 맞서 양쪽으로 군대를 보내야 합니다. 적의 주력 부대는 평탄한 북쪽 길로 올 것입니다. 우리의 정예군사 5만을 보내 막도록 합시다. 남쪽 길은 폐하께서 소수 부대를 거느리고 방어만 하는 게 좋겠습니다."

아뿔싸. 작전 실패야. 남쪽 길에서 두 나라의 왕이 맞섰어. 병력 차이가 워낙 크니 당연히 고구려가 패할 수밖에. 고국원왕은 간신히 목숨을 구해 달아났단다. 모용황의 군대는 고구려 수도인 환도성에 입성했어. 뒤늦게 북쪽의 고구려 군대가 환도성으로 급히 달려왔어. 모용황은 철수할 수밖에 없었어. 모용황이 소리쳤어.

"철수한다. 하지만 그냥 가지는 않을 것이다. 미천왕의 무덤을 파헤쳐 시신을 가져갈 것이다. 미천왕의 부인인 주태후도 인질로 끌고 간다. 환도성의 보물을 모두 마차에 실어라. 궁궐은 태워 버려라."

고구려 군대가 환도성에 당도했을 때는 전연 군대가 철수한 후였어. 고국원왕은 땅을 치며 통곡했어. 보물을 잃어서도, 궁궐이 불에 타버려서도 아니었어. 아버지의 시신을 빼앗겼고, 어머니까지 포로로 잡혀갔잖아?

이때부터 고구려는 전연에 잘 보이기 위해 몸을 낮춰야 했어. 선물을 바치고 사신을 보냈지. 덕분에 얼마 후 미천왕의 시신을 돌려받을 수 있었어. 하지만 고국원왕의 어머니는 여전히 붙잡혀 있었어. 고구려가 다시 부활할까 봐 전연이 일부러 안 돌려보낸 거야.

고구려를 붙들어놓았으니 전연은 안심하고 중국 본토를 공략할 수 있었어. 349년 전연은 황허 하류 일대를 정복했고, 곧 중원의 최고 강자로 떠올랐어. 중국 정복의 큰 꿈을 마침내 이룬 거야.

355년, 전연은 고국원왕의 어머니를 고구려로 돌려보냈어. 원하는 걸 이뤘으니 굳이 고구려 태후를 인질로 계속 잡고 있을 이유가 없잖아? 무려 13년 만의 귀환이었어.

고국원왕이 더는 전연에게 고개를 숙일 이유가 없어졌어. 아버지의 시신을 돌려받았고, 어머니도 무사히 귀환했잖아? 고국원왕은 전연과 맞서기로 했어. 사신도 보내지 않았고, 강경책으로 돌아섰지. 국경 지대의 산성도 정비했어.

하지만 고구려와 전연의 전쟁은 더는 일어나지 않았단다. 왜? 전연이 저절로 멸망했기 때문이야. 5호16국 시대라 했지? 수많은 이민족이 나라를 세웠다가 어느새 사라지는 시대였잖아? 370년에 또 다른 이민족인 저족이 전진을 세웠는데, 그 전진이 전연을 멸망시켰단다. 고구려는 이 전진과는 잘 지냈어.

고국원왕은 371년 백제와의 전투 도중 목숨을 잃었어. 당시 백제의 왕은 근초고왕이었어. 그 무렵 백제는 중국과 일본까지 진출할 정도로 강대국이 돼 있었어. 그 백제 군대가 평양성까지 치고 올라왔어. 백제 진영에서 날아온 화살이 고국원왕의 가슴에 꽂혔어.

이 전투에서 패하면서 고구려는 대동강 이남의 영토를 백제에 빼앗겼어. 고국원왕의 아들로서 왕위를 이어받은 17대 소수림왕은 결심했어.

오늘의 치욕을 절대 잊지 않을 것이다. 이 원수를 반드시 백 배, 천 배로 갚아주겠다."

소수림왕은 본격적인 개혁에 들어갔어. 전진으로부터 불교를 수입해 호국사상으로 발전시켰어. 태학이란 국립 교육기관을 세워 인재를 발굴했지. '율령'을 반포해 법 체제도 완성했어. 율령은 오늘날의 헌법과 비슷해.

소수림왕은 아들을 낳지 못했어. 그래서 왕위는 동생에게 넘어갔어. 384년 고국양왕이 고구려 18대 국왕에 올랐어.

바로 이해에 요동 지방에도 변화가 생겼어. 모용선비족이 다시 연나라를 세운 거야. 이 나라가 '후연'이지. 후연은 순식간에 전연의 영토를 회복했어. 다시 고구려와 국경을 맞대게 됐어.

고국양왕은 할아버지의 시신을 탈취하고, 할머니를 포로로 끌고 간 모용선비족을 증오했어. 게다가 고구려가 성장하려면 모용선비족은 반드시 넘어야 할 경쟁자였어. 385년, 고국양왕이 4만 대군을 집결시킨 뒤 외쳤어.

"고구려의 원수 모용선비족을 격퇴하라! 요동군과 현도군을 정복하라!"

요동 되찾기 프로젝트가 다시 시작됐어. 치열한 전투가 벌어졌어. 결과는 고구려의 승리! 고구려군은 1만여 명의 포로를 붙잡고 늠름하게 개선했어. 하지만 이 승리는 오래가지 않았어. 후연의 반격을 막아내지 못하고 요동군과 현도군을 내어줄 수밖에 없었어.

고국양왕은 아버지 고국원왕을 죽인 백제와도 여러 차례 전투를 치렀어. 이 모든 전투에 참전한 담덕이란 왕자가 있었어. 고국양왕은 386년 담덕을 태자로 책봉했어. 이때 담덕은 13세에 불과했지만 이미 후연이나 백제 전역에 용맹을 떨치고 있었단다.

391년, 담덕이 마침내 고구려의 19대 국왕이 됐어. 이 사람이 누구인지 아니? 바로 광개토대왕이야.

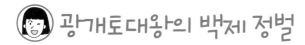 광개토대왕의 백제 정벌

즉위식이 치러진 날. 광개토대왕은 백성 앞에 우뚝 서서 이렇게 선포했어.

"남쪽의 원수 백제를 쳐 한반도를 통일하리라! 나아가 중국 대륙으로 말을 달리리라! 모용선비를 쳐서 대대로 우리 조상의 영토였던 요동 지방을 되찾으리라! 이제 고구려가 천하의 중심이 되리라! 대제국 고구려를 반드시 건설하리라!"

대왕의 군사적 능력은 이미 태자 때부터 입증됐어. 또한, 이전의 왕이었던 큰아버지와 아버지가 개혁에 어느 정도 성공한 덕분에 고구려는 안정된 상태였지. 그러니 대왕은 이 '공약'은 충실하게 이행할 수 있었어. 이 공약을 크게 백제 정벌과 요동 정벌로 나눌 수 있어. 먼저 백제 정벌부터 간단하게 살펴보고 넘어갈게.

392년.

왕에 오른 바로 다음 해였어. 대왕은 4만 대군을 이끌고 백제로 진격했어. 순식간에 10개의 성을 빼앗았어. 고구려 군대는 한강 일대까지 진출했어.

몇 달 후 고구려가 백제의 수군 기지인 관미성을 공략하기로 했어. 이 성은 오늘날 강화도 주변이나 경기 파주 지역으로 추정되고 있어. 백제에겐 아주 중요한 곳이었단다. 대왕이 병사들을 모아놓고 외쳤어.

"관미성이 제아무리 난공불락이라곤 하지만, 고구려 병사들이 뚫지 못할 성은 없다! 사면이 절벽으로 싸여 있다면 절벽을 오르라! 적이 강하게 저항하면 더 강하게 몰아쳐라! 그러면 관미성은 고구려의 것이 되리라!"

관미성은 정말 중요한 곳이었어. 이 성을 빼앗기면 서해를 고구려에 빼앗기게 돼. 게다가 이 성에서 백제 수도 한성까지는 아주 가까워. 생각해 봐. 오늘날 서울에서 강화도까지 자동차로 1시간이면 가잖아? 그러니 백제가 위기감을 느끼는 건 당연한 일이야. 그 관미성이 20여 일 만에 무너졌어. 백제 진영은 그야말로 우왕좌왕이었어. 반란이 일어나 왕이 바뀌기도 했지. 새로 백제의 왕이 된 인물은 아신왕이었어. 그는 관미성을 반드시 되찾겠다고 선언했어.

아신왕이 1만 군대를 이끌고 관미성 탈환 작전에 나섰어. 하지만 광개토대왕의 적수가 되지는 못했어. 백제가 대패했어. 아신왕은 작전을 바꿔 고구려 수곡성을 쳤어. 수곡성은 오늘날의 황해도 신계군에 있었어. 하지만 이 전투에서도 백제가 패했어.

그 후로도 아신왕은 패배를 인정하지 않았어. 몇 차례나 더 고구려를 공격했지. 하지만 모든 전투에서 패했어. 이상한 점은, 고구려가 더 적극 백제를 공략하지 않았다는 거야. 백전백승의 군사력을 가지고 있는데, 왜 고구려는 방어만 한 것일까? 광개토대왕도 다 생각이 있었단다.

'그래, 계속 발악을 해 봐라. 그러면 그럴수록 백제의 국력만 낭비될 것이다. 너희 힘이 바닥이 나는 그날, 확실하게 철퇴를 내려주겠다.'

확실한 승리를 위해 대왕은 기다리고 있었던 거야. 마침내 그날이 왔어. 396년, 광개토대왕이 병사들을 모아놓고 연설하기 시작했어.

"고구려 병사여! 그토록 기다렸던 그날이 왔다. 오늘 우리는 백제의 수도를 칠 것이다. 성을 정복해 왕을 붙잡을 것이다. 백제왕의 무릎을 꿇려 평양성 전투와 고국원왕의 원수를 갚을 것이다. 자, 무기를 들라! 총공격이다!"

대왕의 진군 명령이 떨어졌어. 수군은 바다로, 육군은 땅으로 진격했어. 한강 이북에 있는 수십 개의 성을 순식간에 정복해 버렸어. 백제군은 벌벌 떨기만 할 뿐 감히 맞설 생각을 하지 못했어.

얼마 지나지 않아 고구려 군대가 백제의 수도 위례성(서울)에 당도했어. 고구려 군대는 곧 성을 포위했어. 이제 백제는 독 안에 든 쥐 신세가 돼 버렸지. 백제 아신왕은 하늘을 보고 울부짖었어.

"하늘이시여. 백제에 왜 이런 시련을 주시나이까?"

하지만 아무리 하늘에 기도해 봐야 뾰족한 방법이 있겠어? 결국, 아신왕은 항복할 수밖에 없었어. 백제의 왕과 왕족, 대신들이 줄줄이 궁 밖으로 나와 무릎을 꿇었지. 광개토대왕이 아신왕에게 말했어.

"백제는 나의 한마디면 한 줌 재로 사라질 것이다. 그대, 어찌하겠는가? 목숨을 도모하겠는가? 아니면 백제와 함께 운명을 같이 하겠는가?"

아신왕은 속으로 이를 갈았어. 하지만 방법이 없잖아? 아신왕은 머리를 조아리며 말했어.

"대왕의 신하가 되겠나이다. 백제는 고구려의 신하 나라가 될 것입니다."

광개토대왕이 껄껄껄 웃었어. 하늘을 보며 그가 외쳤어.

"할아버지 고국원왕이시여. 이 손자가 마침내 해냈나이다. 할아버지의 원수를 갚았나이다."

대왕은 아신왕을 살려뒀어. 그 대신 그의 동생과 귀족 10여 명, 백성 1천여 명을 고구려로 끌고 갔어. 더불어 막대한 공물도 챙겼지.

고구려 영토는 한강 일대까지로 넓어졌단다. 영토야 그렇다 쳐도 실제로는 한반도 전체를 통일한 것과 다름이 없었어. 백제가 고구려의 신하 나라를 자처했잖아? 이 무렵 신라는 사실상 고구려의 속국이었단다. 그러니 사실상 광개토대왕은 한반도 전체를 정복한 셈이야.

하지만 백제 아신왕은 진심으로 고구려에 굴복하지는 않았어. 또다시 도발했단다. 이번에는 신라를 공격했어. 고구려의 보호를 받는 신라부터 치고, 그다음에 고구려를 치겠다는 전략이었지. 또한 "백제는 아직 살아있다!"는 메시지를 고구려에 전달하려는 의도도 있었어.

백제는 일본(왜국)과 좋은 관계를 맺고 있었어. 신라 남쪽에 있는 가야와도 나쁜 사이는 아니었지. 아신왕은 왜국과 가야를 전쟁에 끌어들였어. 399년 백제, 가야, 왜국의 연합군이 신라를 쳤어.

신라 내물왕은 어쩔 줄 몰랐어. 세 나라를 상대로 싸울 수 있을 만큼 신라가 큰 나라는 아니었거든. 내물왕은 급히 고구려에 사신을 보냈어.

"대왕폐하. 백제와 왜국 군대가 우리 신라를 침범했사옵니다. 성이 파괴되고 백성이 죽어가고 있사옵니다. 신라 백성을 어여쁘게 여기셔서 군대를 보내주시옵소서. 한시가 급하옵니다."

광개토대왕이 크게 노했어. 대왕은 즉시 군대를 꾸리도록 했지. 그 사이에 해가 지나고 400년이 됐어. 고구려의 5만 병사가 신라로 달려갔단다. 고구려 병사들은 백제와 왜군을 신라에서 몰아냈어. 나아가 가야로 진군해 김해에 있던 금관가야를 쳤는데 금관가야는 가야 연합의 우두머리였어. 그런 금관가야가 사실상 멸망함으로써 가야 연합은 급격하게 위축됐단다.

모든 적을 몰아낸 후에도 고구려 군대는 돌아가지 않았어. 고구려 군대는 신라 수도인 경주에 주둔하며 사실상 신라 정치에 관여했어. 그래, 이때부터 신라는 실질적으로 고구려의 제후국이 된 거야. 신라가 이 제후국에서 벗어나 본격 성장한 것은 100년 정도 더 걸린 후였단다.

백제는 고구려를 더 도발하지 못했어. 물론 아신왕이 그 후로도 몇 차례 고구려를 침략하긴 했어. 하지만 결과는 보나 마나 뻔했어. 모두 아신왕이 패했지. 아신왕은 405년 한 많은 인생을 마감했단다.

자, 백제 정벌이 마무리됐어. 광개토대왕은 오랜 고구려의 한을 풀었어. 하지만 고구려의 한은 또 있었어. 왕의 시신을 훔쳐가고, 태후를 납치한 모용선비족에 대한 복수! 그리고 빼앗긴 우리 영토인 요동 지방을 완전히 회복하는 것!

백제 정벌이 끝나자 대왕은 북쪽으로 눈을 돌렸어. 요동 되찾기 프로젝트를 가동하기 위해서야. 이제 후연과의 피할 수 없는 한판 대결을 벌여야 해.

고구려의 거란 정벌

다시 392년으로 돌아갈까? 광개토대왕이 백제 정벌에 나섰던 바로 그해야. 이때 또 다른 고구려 군대가 만주로 진격하고 있었어. 그래, 대왕은 백제 정벌과 요동 정벌을 동시에 진행했던 거야.

그러면 이번 군사 작전의 목표는 뭘까? 바로 거란족을 정벌하는 것이었어. 거란족은 원래 요서(요동의 서쪽 지방) 출신의 유목민이야. 이 무렵에는 요서는 물론 한반도 북서쪽 일대에도 퍼져 살고 있었어.

거란족은 후연만큼 강한 나라를 세우지는 못했어. 미리 싹을 자르려는 의

도였을까? 대왕은 왜 거란족을 정벌하려 했을까? 출정 직전에 대왕이 군대에 했던 연설을 보면 답이 나와.

"용맹한 고구려 병사들이여. 우리 민족을 공격하고 약탈을 일삼는 야만족 거란을 정벌하라. 그들에게 잡혀 있는 동포를 구출하라. 그들의 땅은 고구려가 동북아시아 전체로 뻗어 나가는 데 중요한 곳이니, 반드시 거란을 제압하라. 자. 이제 출정하라!"

393년.

마침내 거란과의 전투가 시작됐어. 대승리! 대왕은 거란에 붙잡혀 있던 고구려인들을 구출하는 데 성공했어. 그 후 대왕은 몇 년에 걸쳐 주변 지역에 군사 원정을 나갔어. 물론 모든 작전이 성공이었어.

그 결과 거란족은 물론, 거란족의 일파인 비려, 퉁구스족 일파인 숙신 등 여러 이민족이 고구려의 지배를 받기 시작했어. 물론 고구려의 영토도 비약적으로 넓어졌지. 대왕은 수시로 영토를 시찰했어. 후연과의 일전을 준비하며 미리 전략을 짜고 있었던 거야. 후연은 그런 고구려가 두려웠어. 수시로 고구려의 동태를 살폈지.

400년.

한반도 남부 신라에 왜군이 쳐들어왔어. 그러자 광개토대왕이 지원군을 보내 격파했지. 그 모든 상황을 지켜보던 후연 황제 모용성은 이런 생각을 했어. '고구려와는 동북아시아의 최강자 자리를 놓고 대결할 수밖에 없다. 전면전을 벌이면 승리를 장담할 수 없다. 하지만 기습 공격을 하면? 설령 고구려를 무너뜨릴 순 없어도 힘을 크게 약화시킬 수 있을 것이다. 마침 고구려는 많은 병력이 한반도 남쪽에 가 있다. 지금이야말로 공격하기 좋은 기회가 아니겠는가?'

후연의 3만 대군이 기습 공격을 감행했어. 예상치 못한 공격에 고구려는 당황했어. 신성과 남소성을 빼앗겼어. 700여 리의 땅도 빼앗겼지. 이 지역은 오늘날의 랴오닝 성에 해당해. 후연은 보란 듯이 이 지역에 자기들 백성 5천여 호(가구)를 이주시켰단다.

광개토대왕의 분노가 하늘을 찔렀어. 하지만 당장 후연을 칠 수는 없었어. 우선 다시 정비부터 해야지. 대왕은 이를 갈며 다짐했어.

"모용성, 두고 보자. 우리가 당한 것의 열 배, 백 배로 갚아주마."

하지만 대왕은 모용성을 공격할 수 없었어. 왜냐고? 모용성이 401년 죽어 버렸기 때문이야. 그의 뒤를 이어 모용희가 후연의 왕에 올랐어. 대왕은 모용희의 후연을 상대로 반격 준비를 서둘렀어. 마침 남쪽의 왜군 정벌도 끝이 났고, 백제와의 전쟁도 거의 마무리돼 있었거든. 그러니 이제 본격적으로 후연 정벌에 나설 여유가 생겼던 거야.

 고구려의 후연 정벌

402년이 왔어. 역사적으로 무척 중요한 해야. 고구려가 드디어 후연 공략에 나섰어. 대왕이 출정 전에 군사들을 모아놓고 이렇게 외쳤어.

"우리 고구려는 모용선비와 같은 하늘 밑에 살 수 없다. 멀리 전연의 야만족들이 능에 계신 미천왕의 시신을 훼손했다. 가까이로는 우리 영토로 쳐들어와 700여 리를 빼앗아 갔다. 이제 시간이 왔다. 고구려 병사여. 출격하라!"

고구려 군대가 가장 먼저 공략한 곳은 숙군성이었어. 후연에게 이곳은 정말로 중요한 곳이었어. 후연의 수도인 용성(오늘날의 랴오닝 성 남서부 차오양 현)이 바로 코앞에 있었기 때문이야. 이곳이 고구려에게 넘어가면 그야말로 후연에겐 큰 위기가 닥치는 셈이지.

결과는 어떻게 됐을까? 고구려의 대승이었어. 숙군성을 방어하고 있던 후연 병사들은 꽁무니가 빠지라 도망갔어. 고구려군은 만세를 불렀지. 보무도 당당하게 광개토대왕이 입성했어. 병사들은 환호하며 대왕의 이름을 불렀어. 대왕이 하늘로 팔을 뻗으며 병사들에게 외쳤어.

병사들은 들어라. 너희는 용맹했다. 그러니 이 승리를 충분히 누려라. 하지만 자만하지 마라. 전쟁은 아직 끝나지 않았다. 후연이 멸망하는 그 날까지, 고구려는 불굴의 의지로 싸울 것이다!"

후연의 왕 모용희는 잔뜩 긴장할 수밖에 없었어. 용맹한 고구려 병사가 한달음에 달려올 수 있는 거리에 있잖아? 게다가 그 병사들을 지휘하는 인물이 다른 사람도 아닌 광개토대왕이잖아! 모용희는 수도 방위를 철저히 하라고 지시했어. 후연 병사들은 촉각을 곤두세웠어. 언제 고구려 병사들이 공격해 올지 모르니까 그럴 수밖에.

404년.

고구려 병사들이 신속하게 움직이고 있었어. 기습 공격을 감행한 거야. 목표는 후연의 연군. 이 지역이 오늘날 어디인지는 정확하지 않아. 어떤 학자는 베이징이라고 주장하는데, 확실하지는 않아.

어쨌든 고구려는 당장 후연의 수도인 용성으로 진격하지 않았어. 광개토대왕은 우선 주변 지역부터 하나씩 정리하려는 생각이었던 것 같아. 서서히 포위망을 좁혀 놓고, 마지막에 일전을 벌이겠다는 작전인 셈이지. 물론 이 연군 공격은 성공적으로 끝났어.

모용희는 점점 불안해졌어. 이대로 가다가는 숨이 막혀 죽을 것 같은 위기감을 느꼈어.

'계속 고구려에 밀려서는 안 된다. 우리가 먼저 적을 제압해야 한다. 이번엔 선공이다.'

405년.

후연이 고구려의 요동성을 공격했어. 하지만 이미 후연은 고구려의 상대가 될 수 없었어. 당연히 거뜬하게 막아냈지. 후연은 406년에도 고구려를 공격했어. 하지만 이번에도 별 성과 없이 철수할 수밖에 없었지. 그래. 후연이 이제 종이호랑이가 돼 버린 거야. 광개토대왕은 의미심장한 미소를 지어 보였어.

407년, 광개토대왕의 막사에 모든 장수가 모여 있었어. 광개토대왕의 지휘 하에 작전회의가 열리고 있는 거야. 많은 장수가 후연과의 전쟁을 이제는 끝낼 때가 됐다고 생각하고 있었어. 대왕도 같은 생각이었어. 대왕이 지휘봉으로 지형도를 탁탁 내려치며 말했어.

"그대들의 말이 옳다. 이제 이 전쟁을 끝내자. 총공격이다! 동서남북으로 병사를 나눠 후연의 수도 용성으로 진격하라!"

마침내 최후의 전투가 시작됐어. 고구려 장수의 지휘를 받는 거란 병사들도 이 전투에 동원됐어. 또한, 이미 고구려에 복속한 많은 종족, 그러니까 숙신이나 비려도 고구려를 위해 무기를 들었지. 그야말로 동북아시아 최대의 국제전이 터진 셈이야.

후연도 악착같이 버텼어. 수도를 내어 주면 나라가 멸망하잖아? 치열한

중국 지린성에 위치한 태왕릉으로 광개토대왕의 능으로 추정하고 있다. 사진은 태왕릉의 입구이다.

전투가 곳곳에서 벌어졌어. 대체로 고구려가 우세했지. 당시에는 아주 귀했던 갑옷을 무려 1만여 벌이나 빼앗을 정도였단다.

전투의 결과를 볼까? 당연히 고구려의 승리였어. 하지만 용성을 정복하지는 못했어. 후연을 무너뜨리지도 못했지. 하지만 걱정할 필요는 없어. 후연이 저절로 무너졌거든. 어떻게 된 거냐고?

사방에서 들려오는 고구려 병사들의 함성에 후연 사람들은 기겁했어. 가까스로 용성을 지켜내긴 했지만 나라 꼴이 말이 아니었어. 귀족과 왕족들은 저마다 제 살 길만 찾겠다며 우왕좌왕했어. 그래. 내분이 일어난 거야.

이 내분을 끝낸 인물은 한족 출신의 풍발이란 사람인데, 그는 고운을 황제로 추대했어. 어? 성이 고씨지? 그래, 이 사람은 과거 전연 시절에 끌려온 고구려 귀족의 후손이었단다. 고운은 새로운 나라의 건국을 선포했지. 이 나라는 대연이야. 북연이라고도 해.

우리 동포가 세운 나라이니 굳이 싸울 필요가 있을까? 고구려는 더는 북연을 공격하지 않았어. 사실 이 무렵에는 북연이 감히 고구려에 맞설 수도 없었단다. 어느새 고구려는 아무도 건드릴 수 없는 동북아시아의 최고 강대국으로 성장해 있었거든.

북연이 고구려의 제후국이라고 주장하는 학자들도 있어. 광개토대왕이 북연을 정복하는 대신 북연이 자발적으로 고구려를 섬겼다는 뜻이야. 이게 사실인지는 아직도 논란이 되고 있어. 다만 확실한 것은 고구려와 북연이 서로 사절단을 보내며 우호 관계를 맺었다는 점이야.

이제 결말을 볼까? 후연이 무너지면서 광개토대왕의 요동 되찾기 프로젝트가 마침내 완성됐어. 410년에는 동부여까지 정복했단다. 영토가 더 커진 거야. 이때의 고구려 영토를 보면 실감할 수 있을 거야.

서쪽으로 가면 요동 지방을 확보했어. 나아가 몽골 입구까지 세력을 뻗

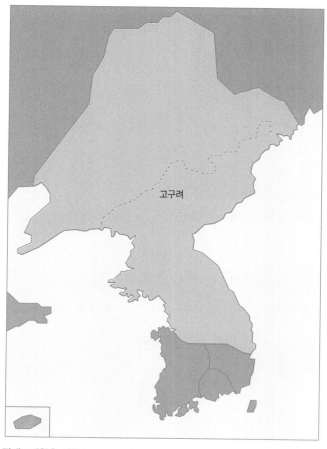

광개토대왕은 서쪽으로 요동 지방과 몽골 입구까지, 북쪽으로 쑹화 강, 동북쪽으로 러시아 블라디보스토크 입구까지 장악했다.

중국 지린성에 남아있는 광개토대왕릉비의 모습이다.

었단다. 북쪽으로는 쑹화 강까지 진출했어. 동북쪽으로는 오늘날의 블라디보스토크 입구까지 장악했지. 오늘날 만주라 부르는 지역을 통째로 고구려가 지배한 거야 (이미 말한 대로 어떤 학자들은 베이징까지 고구려가 진출했다고 주장하고 있어. 이게 사실이라면 고구려의 세력은 우리가 상상하는 것 이상으로 컸다고 할 수 있지).

광개토대왕의 업적 하나 더!

광개토대왕이 사실상 한반도를 통일했다고 했지? 물론 직접 총독을 파견해 통치한 것은 아니야. 하지만 백제와 신라, 가야가 모두 고구려 문화권에 들어가게 됐어. 성이나 무덤을 만드는 방법을 포함해 고구려의 여러 문화가 남쪽으로 전파된 거야. 어쩌면 우리 민족이 '하나'란 인식을 하게 된 시점이 광개토대왕 이후가 아니었을까?

춘추전국 시대

주나라 시절인 기원전 770년, 서쪽 지역 유목민인 견융이 수도를 침략했다. 주나라는 급히 수도를 동족의 낙양으로 옮겼는데, 이때부터 춘추 시대가 시작됐다. 춘추 시대에는 5개의 강한 나라(춘추오패)가 세력을 겨뤘다. 기원전 403년, 진(晉)나라가 한, 위, 조 등 세 나라로 분열하면서 전국 시대가 시작됐다. 전국 시대에는 7개의 나라(전국칠웅)가 세력을 다퉜다. 춘추전국 시대는 정치적으로 혼란스러웠지만, 제자백가 등이 출현한 덕분에 사상과 철학은 큰 발전을 거뒀다. 또한, 철제 농기구가 보급되고 우경과 같은 기법이 등장하면서 농업도 크게 발전했다. 기원전 221년, 진(秦)나라가 중국을 통일하면서 춘추전국 시대는 끝이 났다.

5호16국 시대

진나라에 이어 한나라가 등장했다. 한나라가 멸망한 후에는 위, 촉, 오 삼국 시대가 이어졌다. 이 삼국 시대를 끝내고 중국을 통일한 나라는 또 다른 진(晉)나라다. 304년 또다시 유목민족인 흉노족이 유연을 건국하면서 진나라는 동쪽으로 도망가야 했다. 이때부터 439년까지 중국 북부에는 흉노족, 갈족, 선비족, 저족, 강족 등 5개의 이민족이 13개 국가, 한족이 3개 국가를 세웠다. 그래서 5호16국이라 부르는 것이다. 중국 외부에 있던 민족이 중국 본토를 장악한 첫 번째 시대다. 나중에 북위가 중국 북쪽을 통일하면서 이 시대는 끝이 났다.

개념정리 알찬복습

중화사상: 중국인과 중국문화가 세상의 중심이라는 선민사상. 춘추전국 시대 때 처음 만들어졌고, 진나라와 한나라 때 다듬어졌다.

동이: 고대 중국인들이 한반도를 포함해 중국의 동쪽에 있던 이민족을 부르던 말.

한사군: 한나라가 고조선을 정복한 뒤 한반도 북부에 설치한 4개의 군. 고구려 미천왕이 4세기 초반에 완전히 몰아냈다.

중계무역: 한 나라로부터 물건을 사들인 후 웃돈을 얹어서 다른 나라에 판매해 돈을 버는 무역. 두 나라 사이를 연결해 수수료만 받는 중개무역과는 다르다.

거란족: 요서 지방에 주로 살던 유목 민족. 한반도 북부에도 살았다. 훗날 요나라로 성장한다. 고려 때 한반도를 침략했고, 발해를 멸망시키기도 했다.

대연: 407년 요동 지방에 고구려 귀족 출신 고운이 세운 나라. 북연이라고도 한다. 고운은 2년 만에 살해되고 한족의 풍발이 권력을 이었다. 고구려와는 사이좋게 지냈다. 436년에 멸망했다.

2장

중국은 우리 역사를
왜곡하지 마라!

도와주세요

광개토대왕의 활약에 큰 감동을 하였어요. 내가 한민족이란 사실에도 자부심을 느끼게 됐어요. 그런데요, 중국이 고구려가 자기들 역사라고 주장한다는 소리를 들었어요. 도대체 무슨 말인가요? 고구려 역사의 일부가 중국의 역사에 속한다는 뜻인 건가요? 그게 아니라면, 중국이 말도 안 되는 억지를 부리는 건가요? 고구려가 중국에 조공을 보냈다는데, 그렇다면 속국이란 거 아닌가요? 아 답답해. 속 시원하게 설명해 주세요. 네요

통박사의 어드바이스

허허. 흥분하지 마. 찬찬히 설명해 줄게. 중국이 고구려를 포함해
한국의 고대사를 자기들 역사라고 주장하는 것은 사실이야. 중국
은 이 역사 왜곡을 '동북공정'이라 부른단다. 왜 중국이 동북공정
을 감행하고 있느냐고? 너무 서두르지 마. 그것을 알기 전에 동북
공정이 뭔지, 중국이 고구려를 자기들 역사라고 주장하는 근거가
뭔지를 정확히 아는 게 중요해. 최근 동북아시아 지역의 국제관
계가 아주 복잡해지고 있어. 중국은 자기들의 이익을 위해서라면
주변 국가들이 반대해도 무조건 밀어붙이는 경향이 강하단다. 그
러니 무조건 "고구려 역사를 왜곡해? 한판 붙을래?"라면서 흥분
하는 것은 옳지 않아. 그러면 어떻게 해야 할까? 그래, 그들의 주
장을 조목조목 반박하는 것부터 시작해야 해. 자, 심호흡하고….

역사 왜곡 중인 중국

1996년. 중국 정부의 직속기관이자, 중국 최고의 학술기관인 중국사회과학원이 '고구려 역사'를 연구 과제로 정했어.

중국은 왜 우리 민족의 역사를 연구하려는 것일까? 한반도 이북의 광활했던 고구려 영토가 현재는 중국에 포함돼 있어서? 뭐, 그럴 수도 있지. 그렇다면 우리 정부와도 잘 협력해야 할 거야.

그런데 분위기가 이상하게 돌아가고 있었어. 중국사회과학원은 2001년 6월부터 방대한 프로젝트를 준비하기 시작했어. 그 프로젝트의 이름은 '동북변강역사여현상계열연구공정'이야. 길고 어렵지? 그 뜻을 풀이하자면 '동북 지역의 역사에 관한 연구 프로젝트'가 될 거야. 보통은 줄여서 '동북공정'이라 부르지.

2002년 2월. 우리가 한일 월드컵 준비에 여념이 없을 때였어. 중국사회과학원이 중국 정부로부터 승인을 받아 동북공정 프로젝트에 공식 착수했어.

중국이 이 프로젝트를 시작한 이유는 중국 동북 지역의 역사를 모두 자국 역사에 포함하기 위해서였어. 중국 동북 지역은 우리가 만주라 부르는 곳이야. 광개토대왕의 이야기를 떠올려봐. 대왕에게는 넓은 앞마당이었지.

고구려는 우리 역사상 가장 왕성한 정복활동을 벌인 나라야. 또한, 동북아시아의 대제국을 건설한 위대한 나라였지. 오늘날을 사는 우리 민족에게는 더할 나위 없는 자부심의 역사야.

하지만 중국에게는? 어쩌면 고구려 역사는 두려움일 거야. 고구려가 우리 역사란 점을 인정한다면 '위대한 중국'의 이미지도 확 쪼그라들 수 있겠지. 꼭 그것 때문에 중국이 고구려 역사를 자기들의 역사라며 생떼를 부리는 건 아니야. 더 많은 이유가 있어. 어쨌든 심각한 역사 왜곡인 것만큼은 분명해.

우리가 너무 예민한 것 아니냐고? 천만에. 동북공정 프로젝트에는 고조선, 고구려, 발해 등 한반도의 고대사가 포함돼 있단다. 동북공정 프로젝트를 한 줄로 요약해 보면 이런 결론을 얻을 수 있어.

"한국의 고대사를 중국의 고대사로 탈바꿈시킨다!"

못 믿겠다고? 그렇다면 이 프로젝트에 참여한 중국학자의 이야기를 옮겨 볼까?

"우리의 연구결과 고조선, 고구려, 발해는 모두 중국 왕조의 지배를 받던 지방정권이었습니다. 그 근거를 대겠습니다. 중국 안에는 여러 소수 민족이 있습니다. 그 소수 민족은 오랫동안 각자 지방에 정부를 꾸렸지만 모두 중국 왕조의 지배를 받았습니다. 모두 지방정권인 셈이죠. 한족 또는 여진족의 후손이 세운 고구려나 말갈족으로 구성된 발해도 그럴 때 해당합니다. 그러니 고구려와 발해는 당연히 중국의 역사가 되는 것입니다."

이런 말을 들으면 화가 나! 우리도 반박해야 해. 대대적인 연구가 필요하겠지? 하지만 우리 학자들이 자유롭게 연구하기도 쉽지 않아. 그 현장이 중국에 있고, 국내에는 관련된 기록이 많이 남아 있지 않기 때문이야. 가령 광개토대왕릉비도 중국에 있잖아? 중국은 이 점을 악용하고 있어. 학술연구를 한답시고 자기들끼리 모여서 멋대로 역사를 왜곡하지. 물론 한국학자들은 철저히 배제하고 있어.

중국의 '만행'은 그 후로도 계속됐어. 교과서에도 고구려가 자기들 역사라고 기록했어. 만주 일대에 있는 고구려 유적을 중국의 유적이라며 세계문화유산 신청서를 제출하기도 했단다. 뿐만 아니야. 중국 외교부 홈페이지에 한국을 소개하는 코너가 있는데, 거기에도 고구려 역사를 뺐어. 당연히 우리 정부가 항의했지. 그러자 나중에는 고대사 부분은 싹 빼버리고 대한민국 정부 수립 이후의 역사만 올려놓았어. 정말 치졸하지?

우리나라의 국회의원이 현지를 조사하겠다고 하자 중국은 비자 발급을 거부했어. 비자가 없으면 중국에 들어갈 수 없단다. 중국 정부는 한국의 항의에 대해 눈과 귀를 꽉 막아버린 거야.

중국 정부의 역사 왜곡은 현재 이 순간에도 계속되고 있어. 앞으로도 더욱더 악랄하게 진행될 수도 있지. 이런 중국의 역사 왜곡을 우리는 그냥 넘어가서는 안 돼. 요동과 만주 지역을 모두 정복한 고구려 광개토대왕의 이야기를 잘 알고 있잖아? 그 찬란했던 역사가 어떻게 중국의 역사이겠니? 그러므로 더욱더 중국의 역사 왜곡에 대해서는 단호하게 대처해야 해.

우리 정부도 2004년부터 고구려재단을 세우는 등 적극 대처하기 시작했단다. 하지만 정부의 대응만으로는 부족해. 대한민국 사람 모두가 동북공정이 얼마나 역사를 왜곡하고 있는지 알아둬야 해. 그래야 제대로 대응할 거 아니야?

간혹가다 이렇게 생각하는 사람이 있을 수도 있어.

"고조선, 고구려, 발해의 역사는 이미 오래전의 일이다. 그 역사가 어디에 속하든 현재에 무슨 의미가 있는가? 어쨌든 현재는 중국의 땅이 아닌가?"

"중국은 광활한 역사와 오랜 역사가 있다. 여러 민족이 어우러져 오늘의 중국이 됐다. 그러니 고조선, 고구려, 발해의 역사를 자기들의 것이라 착각할 수도 있다. 그 점을 일깨워주면 해결되지 않겠는가?"

이런 궁금증에 대해서 지금부터 하나씩 풀어보도록 할게. 우리 민족의 기원부터 하나씩 차근차근 살펴볼 거야. 다만 그 전에 한 가지 확실히 하고 넘어가야 할 게 있어. 고조선, 고구려, 발해 역사는 절대로 중국의 것이 아니라는 사실! 세 나라는 우리 조상이 세웠으며 엄연히 한민족의 역사라는 사실!

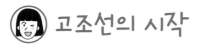 ## 고조선의 시작

기원전 8천 년 무렵.

한반도와 만주 일대에서 신석기 문명이 시작됐어. 만주는 한반도 북부 지역을 가리키는 명칭이야. 오늘날 중국 랴오닝(요령)성, 지린(길림)성, 헤이룽장(흑룡강)성과 네이멍구(내몽골)자치구가 여기에 포함돼.

신석기 사람들은 한 곳에 정착해 살면서 농사를 지었어. 가축도 키웠어. 먹을 것도 넉넉해졌어. 구석기 사람들보다 윤택한 삶을 살게 된 거야. 모여 사는 사람도 많아졌어. 자연스럽게 '사회'가 탄생했어. 처음에는 가족과 친척끼리 모여 '씨족사회'를 만들었어. 시간이 지나면서 씨족과 씨족이 합쳐져 '부족사회'로 발전했어.

기원전 1600~기원전 1500년 무렵. 요령성 주변에 살던 부족이 더 북쪽에 있는 민족으로부터 청동기 문명을 전수받았어. 그 부족은 주변에 있는 다른 부족에게 청동기 문명을 전파했어. 이렇게 부족에서 부족으로 청동기 문명이 전파된 결과, 기원전 1200년 무렵에는 만주의 대부분 지역이 청동기 시대로 접어들었어.

문명은 때로는 평화적으로, 때로는 한 부족이 다른 부족을 무력으로 정복하면서 전파됐어. 부족과 부족이 통합돼 더 큰 부족이 등장했어. 여러 부족이 연맹을 맺어 국가를 탄생시키기도 했어. 맞아. 한반도와 만주 지역에 처음으로 국가가 나타난 거야. 그 나라가 바로 고조선이란다.

만주의 한 지역에 곰을 섬기는 부족이 있었어. 이 부족은 일찌감치 청동기 문화를 받아들였어. 주변 부족보다 강력한 부족이란 얘기야.

어느 날 부족장이 제물을 모아놓고 제사를 지내기 시작했어. 당시에는 부족장의 권력이 강했어. 부족장은 정치 지배자이기도 했지만, 종교 지도자 역할도 했단다. 마을 사람들도 부족장을 따라 기도를 하기 시작했어.

"곰 신이시여! 우리 부족의 위대함을 보여주소서. 약한 부족들을 정복하게 해 주시고, 더 큰 영토를 누리게 해 주옵소서."

곰 부족은 이윽고 주변으로 세력을 확대했어. 그러다 호랑이를 섬기는 부족을 만났어. 그 부족은 신석기 문명 단계였거나 막 청동기 문명에 돌입한 단계였을 거야. 그래도 부족민들은 똘똘 뭉쳐 있어서 정복하기가 쉽지 않았어. 곰 부족의 족장은 고민했어.

'좋다. 그러면 호랑이 부족과 우리 곰 부족의 지배자가 결혼하자. 두 부족이 피로 이어지면 하나가 될 수 있지 않겠는가?'

사실 호랑이 부족도 걱정이 컸어. 당장은 곰 부족을 막아낼 수 있어도 끝까지 버틸 자신은 없었거든. 그래서 곰 부족과 합치기로 한 거야. 결혼을 통해 두 부족은 더 큰 부족이 됐어.

이렇게 해서 곰 부족을 중심으로 여러 부족이 끈끈하게 맺어졌어. 여러 부족은 곧 하나의 나라처럼 움직이기 시작했지. 이 이야기가 고조선 건국 신화에 나온 곰과 호랑이 이야기라는 사실을 짐작했니? 맞아. 실제로는 이런 식으로 고조선이 탄생한 게 아닐까 하고 추측해 본 거란다.

강한 왕이 있고, 그 밑에 대신들이 쭉 늘어서 있는 나라를 생각했다면 틀렸어. 초기 고조선에는 강력한 왕이 없었단다. 부족장이 아마도 왕의 역할을 대신했을 거야. 이런 형태의 나라를 '군장 국가'라고 불러.

경남 하동 삼성궁이 소장하고 있는 고조선의 통치자 단군의 영정이다.

고려 말 이승휴가 쓴 역사책 〈제왕운기〉에서는 고조선이 기원전 2333년에 건국됐다고 적혀 있어. 하지만 역사적으로는 그렇게 될 수가 없어. 전 세계적으로 보더라도 국가는 청동기 시대 이후에 탄생했거든. 많은 학자는 "여러 정황을 고려했을 때 고조선의 건국 시점은 기원전 12세기에서 기원전 10세기 사이일 것이다"고 말한단다.

고조선을 통치한 지배자를 '단군' 또는 '단군왕검'이라 불렀어. 단군 신화에 따르면 단군은 1000~1500년간 고조선을 통치한 뒤 산신이 됐어. 이 말을 실제 역사에게 맞게 해석해 볼까?

"요즘에는 국가 통치자를 대통령이라 부른다. 고조선 때는 통치자를 단군이라 불렀다. 그런 단군들이 고조선을 통치한 기간이 1천~1500년이다."

여기까지가 고조선 초기 역사야. 그다음의 고조선 역사는 차차 살펴볼 거야. 이 대목에서 우리가 반드시 짚고 넘어가야 할 게 있거든. 바로 '기자조선'의 역사야.

기자조선과 한사군은 중국의 거짓말

기원전 1100년 무렵.

중국 상나라(은나라)에 '기자'란 인물이 있었어. 그는 현명하고 정의감이 강했기 때문에 많은 백성의 존경을 받았단다.

기자는 왕의 삼촌이었던 것으로 전해지고 있어. 왕은 폭군이었나 봐. 삼촌이었던 기자는 조카인 왕에게 폭정을 멈추라고 몇 번이고 부탁했어. 왕은 간절한 부탁을 매번 무시했어. 기자는 그래도 포기하지 않고 직언을 멈추지 않았어. '직언'은 옳은 말을 한다는 뜻이야.

"왕이시여. 백성이 고통에 빠졌나이다. 제발 폭정을 멈추소서. 그게 이 나라를 살리는 길이옵니다."

왕은 직언하는 삼촌이 정말 싫었어. 당장에라도 죽여 버리고 싶었어. 기자도 왕의 마음을 잘 알게 됐어. 결국, 기자는 모든 것을 포기하고 미친 사람 행세를 하며 살았어. 그런데도 왕은 기자가 죽을 만큼 보기 싫었나 봐. 왕은 기자를 멀리 유배 보낸 뒤 한 발자국도 나오지 못하도록 했단다.

충신이 핍박받는 나라의 운명은 불을 보듯 뻔해. 상나라도 마찬가지야. 폭정을 견디지 못한 주변의 작은 나라들이 반발하기 시작했어. 그 중 하나가 주나라였어.

기원전 1046년. 주나라의 무왕이 다른 작은 나라들과 힘을 합쳐 상나라를 공격했어. 상나라는 견디지 못하고 무너졌어.

기자는 조국이 멸망하자 시름에 잠겼어. 왕을 포기한 것은 사실이지만 그렇다고 해서 조국까지 포기한 건 아니었거든. 기자는 앞으로 어떻게 살아야 할까 고민하기 시작했어. 바로 그때 주나라의 무왕이 기자를 찾아왔어.

"현명하신 분이여. 주나라에서 벼슬을 하면서 미천한 이 사람을 도와주는 게 어떻겠소이까? 백성이 편안하게 살 수 있도록 그 지혜를 나눠주시오."

기자는 고개를 저었어. 주나라의 무왕이 싫어서가 아니야. 조국이 두 개가 될 수 없다고 생각했기 때문이지. 기자가 말했어.

"왕의 배려에 몸 둘 바를 모르겠나이다. 하지만 나의 조국은 이미 사라지고 없습니다. 망국의 신하가 어찌 새로운 조국을 섬기겠나이까? 저를 조금이라도 불쌍하게 여기신다면 놓아주시기 바랍니다."

기자의 말은 부드러웠어. 하지만 신념은 확고했어. 주 무왕은 기자를 붙들 수 없다는 사실을 깨달았어. 주 무왕은 기자가 원하는 대로 해줬어. 기자는 상나라의 유민과 함께 중국 북쪽으로 떠났단다. 그 후로 기자를 봤다는 사람은 나오지 않았어.

이 기자의 이야기를, 중국은 동북공정 프로젝트를 진행하면서 교묘하게 왜곡했어. 기자는 중국 북쪽으로 떠난 뒤 사라졌지? 목적지를 '동쪽'으로 살짝 바꾸면? 거기에는 한반도가 있어. 중국은 기자가 한반도로 갔다고 주장했어. 이게 '기자동래설'이야.

"주나라 무왕은 기자를 고조선의 왕에 임명했다. 따라서 고조선은 주나라의 제후국이다."

이렇게 해서 고조선이 중국 역사의 일부가 됐어! 어처구니가 없지? 문제는, 조선 때까지만 해도 사대주의에 빠진 우리 유학자들이 이 기자조선이 실제 존재했다고 믿었다는 거야. 조선 유학자들은 이렇게 정리했어.

"기원전 2333년 단군이 고조선을 세웠다. 단군은 1천 년 넘게 고조선을 통치하다가 중국에서 건너온 기자에게 왕위를 물려주고 산신이 됐다. 그 후

기자조선은 약 1천 년간 계속됐다."

　조선은 중국을 섬기고 있었어. 그러니 중국의 어진 인물이 한반도를 통치했다는 기자동래설을 철석같이 믿고 싶었을 거야. 심지어 기자를 추모하는 사당까지 곳곳에 만들었단다. 물론 근대 이후 기자동래설과 기자조선은 모두 '허위'로 확정됐어. 더는 우리 역사책에서 이런 내용을 볼 수 없지.

　그런데도 중국은 여전히 "고조선은 중국의 기자가 세운 나라다. 그러니 고조선은 중국의 역사다!"라고 주장하고 있는 거야. 중국의 이 주장을 조목조목 반박할 필요가 있겠지? 대표적인 두 가지만 살펴볼게.

　첫째, 중국 기록을 살펴보면 기자조선은 한나라 이후의 서적에만 등장해. 한나라는 주나라-춘추전국 시대-진나라를 거쳐 기원 전후에 등장한 나라야. 만약 기자조선이 정말 존재했다면 주나라나, 춘추전국 시대나, 진나라 때 만들어진 책에도 이 사실이 기록돼 있어야 해. 하지만 안 그래. 그렇다면 기자조선은 한나라 때 만들어진 '조작'이라고 추정할 수 있지.

　왜 한나라는 이런 유언비어를 퍼뜨린 것일까?

　한나라는 무척 강한 제국이었어. 중국이 세상의 중심이란 중화사상도 이때 확실한 체계를 갖췄다고 했지? 중화사상에서는 중국의 황제(천자)가 전 세계에 덕을 전파한다고 본단다. 그러니 중국의 성인이 천자의 명령을 받아 주변 국가로 넘어가 통치를 했다는 식의 황당한 상상이 나오는 거야.

　둘째, 기자가 정말로 한반도로 건너와 통치했다면 한반도에서도 중국 주나라의 유물과 흡사한 것들이 출토돼야 해. 하지만 전혀 그렇지 않고 있어.

대표적인 게 '갑골문자'야. 주나라 시대에 사용된 문자인데, 거북의 등껍질이나 짐승의 뼈에 새긴 문자를 뜻해. 이 갑골문자가 한반도에서는 발견된 적이 없어. 또한, 고조선과 중국의 청동기 문화도 많이 달라. 두 나라의 뿌리가 같다면 문화도 같아야 할 텐데, 이런 상식과는 많이 다르지?

기원전 108년. 고조선이 한나라에 의해 멸망했어. 한나라는 고조선 영토

에 한사군을 설치했어. 이 역사적 사실을 근거로 중국은 또다시 역사 왜곡을 시도했어.

"한사군에 살던 민족은 중국 전통 한족이며, 그들의 후예가 고구려를 세웠다!"

물론 다시 생각해 볼 가치도 없는 말이야. 역사적으로도 절대 사실이 아니거든. 고구려를 세운 민족은 '예맥'이야. (그 가운데서도 맥에 더 가까워.)

중국의 한 역사서에 "예맥이 한사군을 몰아냈다!"는 기록도 남아있어. 한사군을 몰아낸 나라가 고구려지? 그렇다면 "고구려인들은 예맥이다"는 해석이 저절로 나오게 돼. 이 예맥에 대해 더 알아볼까?

예맥은 기원전 3세기 무렵부터 만주와 한반도 북부에 살던 민족이야. 농경과 수렵을 하며 살았지. 크게 예와 맥, 2개의 민족으로 나뉘지만, 따로 구분하지 않고 한꺼번에 예맥이라고 부르기도 해.

예맥이 고조선을 세우지는 않았어. 고조선이 건국되고 한참 지난 후에야 등장했잖아? 하지만 예맥은 서서히 고조선 사회에 흡수됐어. 나중에는 고조선의 중심 세력으로 성장하기도 했지.

고조선이 아직 멸망하기 전, 주변에는 여러 국가가 있었어. 부여와 고구려, 동예와 옥저, 삼한이 있었어. 이 나라를 세운 민족은 모두 예맥이야. 이제 감이 좀 잡히지? 현대 우리 민족의 직접적인 조상이 바로 이 예맥인 거야.

한사군 어쩌고저쩌고하던 중국이 할 말이 없어졌지? 한사군의 후예가 고구려를 세웠다는 논리가 더는 씨알도 먹히지 않게 됐잖아? 그래서였을까? 중국은 1990년대 후반부터 다른 논리를 들이댔어. 이번에도 황당한 주장이었지.

"중국 한족의 일파인 '고이'족이 고구려를 세웠다. 고구려의 '고'와 고이족의 '고'가 같은 게 그 증거다."

퍼즐을 맞추듯 억지로 논리를 짜 맞춘 느낌이 팍팍 들지 않니? 뜬금없이 고이라는 종족이 등장하는 것도 그렇고, 고구려의 '고'가 고이족의 '고'에서 비롯됐다는 주장도 황당하기 이를 데 없어. 고이는 기원전 10세기에 중국 산둥 지방에서 살았던 부족이야. 고구려의 영역과는 아무런 상관이 없어.

사실 중국도 자신들이 거짓말을 한다는 걸 잘 알고 있어. 1990년대 초반까지만 해도 중국의 공식 입장은 "중국 동북 지역의 소수민족인 예맥이 고구려를 세웠다"였거든. 그래, 동북공정을 추진하면서 슬쩍 태도를 바꾼 거야.

오래전부터 중국인들은 고구려를 중국과 관련이 없는 다른 나라로 여겼어. 그 증거가 위, 촉, 오 세 나라의 역사를 담은 중국의 〈삼국지〉야. 이 책에는 중국 역사 외에도 이민족에 대한 기록이 꽤 많이 들어있어. 고구려, 부여, 옥저, 동예, 삼한의 기록이 모두 〈삼국지〉의 〈위서 동이전〉에 들어있어. 동이가 동쪽 오랑캐라는 뜻이라 했지? 이 기록만 보더라도 중국은 고구려를 자기들과 같은 민족이라고 여기지 않았다는 것을 알 수 있겠지?

문화적으로 봐도 고구려는 중국보다는 예맥의 국가인 부여, 옥저, 동예,

삼한과 더 가까워. 대표적인 게 '제천의식'이야. 이것은 하늘에 지내는 제사를 말하는데, 이 나라 모두가 비슷비슷했단다.

이를테면 고구려가 10월에 '동맹'이란 제천의식을, 부여가 12월에 '영고'란 제천의식을 지냈어. 동예와 삼한에도 이런 제천의식이 있었지. 이날에는 모두 술을 마시고 춤을 추며 노래를 불렀어. 이 제천의식에는 중국이 전혀 개입하지 않았어. 모두 각 나라에서 왕이 주관해 이뤄졌지.

자, 이제 고구려가 중국이 주장하는 것처럼 한족의 후손이 아닌 게 명백해졌지? 중국은 이제 입을 다물까? 아니야. 중국은 또 다른 근거를 대며 고구려가 여전히 자기들 역사라고 우기고 있어. 이번엔 또 어떤 억지를 부릴까?

 ## 조공과 책봉의 진짜 의미

"고구려는 중국에 조공을 바쳤다. 또한, 중국으로부터 왕의 책봉을 받았다. 이야말로 고구려가 중국 왕조의 지방 정권임을 증명하는 것 아닌가."

중국이 새로운 논리를 들고 나왔어. 바로 '조공'과 '책봉'이야. 조공은 선물을 주는 행위를 뜻해. 책봉은 왕의 지위를 인정하는 절차지. 쉽게 말해 고구려가 중국 왕조에 조공을 줬고, 중국 왕조는 고구려왕을 책봉했다는 거야. 그래서 고구려는 중국의 지방 정권이란 얘기지.

얼핏 들으면 그럴듯해. 하지만 이 논리는 틀려도 단단히 틀려. 이 논리대로라면 전 세계가 중국의 지방정권이어야 한단다. 심지어 유럽의 강대국이었던 영국도 중국의 역사가 돼야 해. 왜 그런지를 찬찬히 살펴볼게.

3천여 년 전. 중국의 주나라는 제후들에게 특산물을 바치도록 했어. 또한, 제후들에게 정기적으로 조정을 찾아와 황제에게 충성 맹세를 하도록 했어. 이게 조공책봉의 시초야.

이때까지만 해도 주나라가 중국 전역을 통치하지는 않았어. 주나라의 영토는 황허 일대에 불과했어. 중국 영토는 그 후 춘추전국 시대와 진나라, 한나라로 이어지면서 비로소 넓어진 거란다. 중국 역사에서 한나라가 차지하는 비중이 참으로 큰 거 같지?

한나라는 무척 강력했어. 고조선도 한나라의 군대에 무너졌잖아? 한나라의 영토는 실로 넓었어. 이 점이 오히려 문제가 됐어. 워낙 땅덩어리가 넓어 황제가 직접 통치할 수 없었던 거야. 주변 국가들에 대해서도 고민이었어. 힘으로만 제압할 수도 없어. 그랬다가는 여러 국가와 전쟁을 치러야 할 거야. 그 혼란을 틈타 국내에서도 반란이 일어나겠지. 그렇게 되면 결국 한나라도 위태로워질 수 있어.

이때 한나라가 주목했던 게 조공책봉 제도야. 한나라는 이 제도를 정식으로 시행했어. 이후 이 제도는 중국 왕조와 주변 나라들 사이의 '외교 관행'으로 자리 잡았어. 이 관행은 중국 최후의 왕조인 청나라가 멸망할 때까지 이어졌단다. 자, 이쯤 되면 이런 궁금증이 생길 거야.

"어쨌거나 공물을 바쳤고 중국으로부터 책봉을 받았으니 중국을 상국(왕의 나라)으로 모신 것 아닌가요? 스스로 중국의 신하 나라를 자처했던 건 아닙니까? 그렇다면 중국의 지방정권이 맞는 것 아닌가요?"

만약 이런 의문을 가지고 있다면 조공책봉 제도를 아직도 제대로 이해하지 못하고 있는 거야. 조공책봉은 강대국인 중국과 주변 국가들 사이의 외교 관행이라고 했지? 고구려, 발해 등 만주 지역에 있던 나라에만 적용된 게 아니었어. 중국은 몽골이나 베트남, 티베트와도 조공책봉 관계를 유지했단다.

고구려와 같은 시대를 살았던 백제, 신라는 물론이고 고려와 중국 왕조도 중국과 조공책봉 관계를 유지했어. 조공책봉이 지방정권의 증거라면 우리나라는 고구려뿐 아니라 조선까지 모두 중국의 역사가 돼야 해. 그뿐만 아니라 몽골, 베트남까지 다 중국 역사의 일부분이 돼야겠지.

〈삼국사기〉에 따르면 고구려는 대무신왕 때인 32년, 중국 후한에 사신을 보내 조공을 바쳤어. 자존심이 상한다고? 어쩔 수 없어. 엄연한 역사적 사실을 외면할 수는 없잖아? 중국은 고대 이후로 근대까지 동아시아에서 가장 강한 나라였어. 광개토대왕 시절의 고구려라면 모를까, 그런 중국과 맞서 싸울 수 있는 나라는 거의 없었지. 그런 강대국과 정면 대결하려면 나라를 잃을 각오를 해야 했어. 그럴 바에는 예의를 갖추면서 실리를 챙기는 게 나을 수도 있어. 그게 바로 조공과 책봉이었던 거지.

조공과 책봉은 무조건 복종을 뜻하는 게 아니야. 이것은 약소국이 강대국에 대해 지키는 '예의'와 비슷한 거야. 물론 오늘날에는 나라와 나라 사이에 조공책봉을 하지는 않아. 다 옛날이야기야. 하지만 옛날이야기라고 해서 중국처럼 역사를 왜곡해서는 안 돼. 중국의 주장이 터무니없다는 근거를 더 대 볼까?

19세기 초반 이후 영국을 비롯해 유럽의 여러 나라가 중국에 진출하려 했어. 당시 영국은 세계의 최고 강대국이었지. 하지만 중국의 청 왕조는 영국을 서양의 오랑캐쯤으로 여겼단다. 영국 상인 대표가 중국 황실을 찾았어.

"중국의 황제시여. 우리 대영제국의 상인들이 중국과 무역을 할 수 있도록 허락해 주소서."

영국 상인들은 간곡하게 부탁했어. 중국 황제는 이렇게 말했지.

"서양의 오랑캐는 들어라. 중국은 천하의 중심이다. 그러니 우리와 무역을 하려면 먼저 조공을 바쳐라."

감히 영국에게 조공을 요구하다니! 청나라가 겁이 없던 것일까? 그게 아니야. 조공책봉 제도가 워낙 오랜 시간에 걸쳐 외교 관행으로 굳어져 있어서 청나라 황제가 그랬던 거야. 황제는 당연히 조공이 있을 거로 생각했던 거지. 물론 영국은 황당했겠지만.

얼마 지나지 않아 청나라는 영국과의 전투(아편전쟁)에서 처참히 깨진단다. 서양 열강이 얼마나 무서운지, 청나라는 그제야 깨달을 수 있었어.

또 하나 알아둬야 할 게 있어. 조공은 무조건 선물만 갖다 바치는 행위가 아니야. 주면 받는 게 있겠지? 마찬가지로 조공하면 답례 명목으로 선물을 받는 게 보통이었어. 친구에게 생일 때 선물을 주면, 그 친구가 답례로 파티에 초대하거나 다음 생일 때 네게 선물을 주는 것과 같은 이치지. 중국 또한 주변의 약소국 사절이 공물을 바치면 황제의 하사품을 내렸단다.

이 때문에 좀 강한 나라가 조공하러 오면 중국 황실도 살짝 긴장할 수밖에 없었어. 그런 나라의 사절은 특히 잘 대우해줘야 했거든. 실제로 중국 송나라는 고려가 1년에 세 번 조공하겠다는 것을 굳이 말리면서 한 번만 오라고 하기도 했단다.

이제 책봉 이야기를 마저 해 볼까? 주변 국가들은 새로 왕이 바뀔 때는 늘 중국으로 사절을 보냈어. "왕이 취임할 수 있도록 허락해 주세요"라고 부탁하기 위해서였어. 그러면 중국 황제는 "그렇게 하라!"라고 허락했어. 그런데 꼭 이렇게 할 필요가 있었을까? 우리 스스로 당당하게 살 수는 없었을까?

오늘날에도 중국은 세계에서 가장 큰 시장 중 하나야. 중국을 잡아야 경제를 살릴 수 있다는 말이 나올 정도지. 당시는 지금보다 더했어. 중국은 정치뿐 아니라 경제, 문화 등 모든 분야에서 중심지였어. 그런 중국과 교류하지 않으면 여러모로 큰 손해였어. 우수한 문화를 중국으로부터 받아들였고, 넓은 중국 시장에서 무역해야 이익이 되지 않겠어?

미국을 비롯해 서양의 역사학자들은 조공책봉 문제를 어떻게 보고 있을까? 그들이 내린 정의를 볼까?

"조공책봉은 동아시아의 오래된 국제 질서다. 강대국 중국과 주변국이 이 조공책봉을 통해 동아시아 공동체의 일원임을 확인하는 절차다."

이제 조공책봉에 대해 확실히 이해했지? 이 점을 근거로 고구려가 중국의 역사라고 주장한다는 게 얼마나 터무니없는지도 알게 됐지?

발해가 중국 역사라고?

고구려, 백제, 신라의 삼국통일 전쟁은 신라의 승리로 끝이 났어. 고구려는 멸망했고, 많은 유민이 중국으로 끌려갔지.

당시 중국을 통치한 왕조는 한족의 당이었어. 당나라는 고구려의 부활을 상당히 두려워했어. 바로 그 때문에 당나라는 고구려 유민을 요하 서쪽 지역에 가두고는 다른 지역으로 이주하지도 못하게 했어. 재기하려는 움직임을 모두 차단하겠다는 의도가 보이지?

이 역사적 사실이 또 엉뚱하게 바뀌었단다. 도대체 중국의 역사 왜곡은 끝이 보이지가 않아.

"고구려를 세운 주요 세력들이 모두 중국 민족인 한족에 흡수됐다."

중국은 아마도 그다음에는 이렇게 말할 거야.

"그러니 고구려는 처음부터 그랬고, 멸망한 다음에도 중국 일부다."

괴상한 이야기지? 고구려 유민들이 중국에 끌려간 사실을 놓고, 이처럼 마구잡이로 왜곡해도 되는 걸까? 정말 양심이 없어도 너무 없다는 생각밖에 들지 않아.

고구려 유민들이 모두 중국으로 끌려간 것도 아니야. 일부는 신라로 넘어갔어. 중국으로 끌려간 유민들은 대부분 저항 운동을 하다 붙잡혔거나 국경지대에 있던 고구려 백성들이야. 사실 대다수의 고구려 백성들은 원래부터 살던 지역에 그대로 머물렀단다.

696년, 요하 서쪽의 고구려인 집단 거주지에서 한 인물이 탈출했어. 그의 이름은 대조영. 고구려 유민 중 한 명이었지.

대조영은 사람들을 끌어모으기 시작했어. 고구려 유민들이 그의 주변으로 몰려들었어. 이민족인 말갈족도 합세했어. 어느 정도 무리가 만들어지자 대조영은 그들을 이끌고 동쪽으로 움직이기 시작했어. 목적지는 고구려의 옛 땅!

갈수록 사람들이 늘어났어. 점점 세력이 커지고 있는 거야. 비로소 당나라가 긴장하기 시작했어. 부랴부랴 토벌대를 만들어 대조영 일행을 추격했어. 전투가 벌어졌어. 대조영 일행의 군사력은 아직은 당나라에 비할 바가 못 돼. 하지만 정신력만큼은 당의 토벌대를 능가하고 있었어. 그 덕분에 힘든 전투였지만 결국에는 승리로 끝낼 수 있었단다.

698년, 대조영과 유민들은 동모산에 도착했어. 이곳은 오늘날 중국 지린성에 해당하는데, 원래는 고구려 왕족인 계루부의 땅이었어. 대조영은 감개무량했어. 유민들을 모아놓고 이렇게 외쳤어.

"이제 우리는 고구려를 계승해 과거의 영광을 되찾을 것입니다. 그러므로 고구려 탄생의 근원지인 이곳까지 온 것입니다."

이렇게 해서 탄생한 나라가 바로 발해야. 이미 알고 있지?

당나라는 발해를 눈엣가시로 여기고 있었어. 고구려의 이미지가 떠올라서 그러겠지. 그래서였을까? 당나라는 처음에 발해를 독립국으로 인정하지도 않았어. 당의 지방 행정구역인 '군'을 따서 '발해군'이라고 불렀단다. 또 주변의 다른 민족을 동원해 발해를 치려고도 했어. 하지만 발해는 꿈쩍도 하지 않았어. 한때는 당의 영토인 등주(오늘날의 산둥 반도 일대)를 공격하기도 했어.

9세기가 되자 발해는 눈부시게 성장했어. 당나라도 어쩔 수 없이 발해의 존재를 인정해야 했어. 당나라는 탄식하며 이렇게 말했단다.

"바다의 동쪽에 크게 융성한 국가가 있다. 바로 발해다. 그 나라를 우리는 '해동성국'이라 부른다."

중국은 이 발해 또한 중국 역사의 일부분이라고 주장하고 있어. 단골 메뉴처럼 등장하는 조공책봉 문제가 이때도 나와. 중국이 발해국왕을 책봉했으니 발해는 중국의 속국이란 얘기인데…. 조공책봉에 대해서는 충분히 얘기했으니 다시 이 주장을 반박할 필요까진 없겠지?

발해의 중앙정부는 3성6부제로 구성돼 있어. 이 형태는 당나라의 중앙정부 조

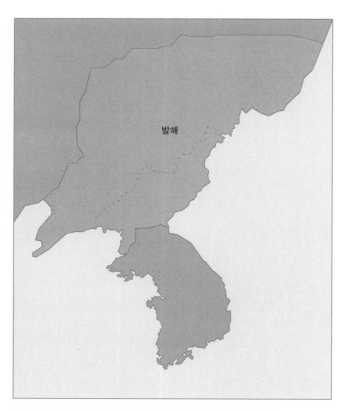

고구려의 기상을 이어받은 발해는 9세기에 최대 영토를 갖게 되었다.

직을 모방한 거야. 발해 수도인 상경에는 '주작대로'란 큰 도로가 있었는데, 이 또한 당나라의 것을 벤치마킹한 거란다. 왕족의 묘도 당나라의 것과 비슷해. 이처럼 발해의 문화와 제도에는 당나라의 것도 많이 섞여 있어. 물론 기본은 고구려의 것이었지만. 지배층은 대부분 고구려 출신이었지? 일반 평민의 상당수는 말갈족이었어. 이런 점을 고려하면 발해는 전형적인 다문화 국가라고 할 수 있어.

발해의 문화에는 고구려, 말갈족, 당나라의 것이 모두 섞여있다. 전형적인 다문화인 셈이다.

하지만 중국은 다른 시선으로 바라본단다.

"중국 왕조가 통치하는 소수민족은 여럿 있다. 발해는 그런 소수민족들이 모여 만든 나라다. 그러니 중국 역사에 해당한다."

정말 막혀도 이렇게 꽉 막힐 수가 없어. 계속 비슷한 논리를 반복하고 있지? 좋아. 그렇다면 고구려와 고구려를 계승한 발해가 중국의 역사가 될 수 없는 명백하고도 확실한 증거를 얘기해 줄게.

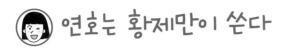

연호는 황제만이 쓴다

기원전 141년 한나라에 새로운 황제가 등극했어. 그의 이름은 무제. 중국 역사상 가장 강력한 황제 중 한 명이지. 고조선을 무너뜨린 바로 그 황제야.

이 무제 황제가 도입한 여러 제도 중 눈에 띄는 게 있어. 바로 '연호' 제도야. 연호는 황제의 통치기간이 얼마나 흘렀는지를 나타내는 일종의 달력이야. 어렵다고? 이해를 돕기 위해 예를 들어볼게.

무제 황제가 가장 먼저 쓴 연호는 '건원'이야. '건원 5년'이라고 하면 '무제가 통치한 지 5년째인 해'란 뜻이 돼. 이 연호는 평생 하나만 쓸 수도 있고, 필요에 따라 다른 걸로 바꿀 수도 있어.

이 연호는 아무나 만들 수 없어. 오로지 황제만이 연호를 만들 수 있지. 한번은 이런 적도 있어. 신라가 독자 연호를 쓰려 하자 당나라 태종이 시비를 걸었어. 신라가 당나라의 신하국가임을 자처했는데, 독자 연호를 쓰는 것은 옳지 않다는 거야. 신라는 여기에 굴복해 그 후 당나라의 연호를 사용했단다.

황제가 연호를 만들면, 제후국은 그 연호를 써야 해. 제후국이 아닌 신라까지 연호를 쓸 정도였으니, 연호를 쓴다는 것은 황제에 대해 충성한다는 표시인 셈이야. 제후국 사절단이 황제를 알현하면 황제는 연호가 적힌 달력을 선물로 하사했어. 그 달력에 따라 연호를 쓰라는 얘기지. 만약 그 연호를 쓰지 않는다면? 황제로 섬기지 않겠다는 뜻이 돼. 제후국도 아니고 신한 국가도 아니며, 중국과 대등한 나라란 의지를 보여주는 거지.

고구려와 발해는 어땠을까? 중국의 말대로 고구려와 발해가 중국의 지방정권이라면 중국의 연호를 항상 따라 써야 해. 독자적인 연호를 쓴다는 것은 상상할 수도 없는 일이야. 감히 중앙정부에 맞서는 거잖아?

하지만 아니야. 고구려 광개토대왕은 '영락'이란 독자 연호를 썼단다. 광개토대왕 이전에도 독자연호를 썼을 걸로 추정은 돼. 하지만 기록상으로는 광개토대왕이 가장 먼저 연호를 썼어. 게다가 고구려에서는 왕을 '태왕'이라 불렀어. 태왕은 황제와 비슷한 등급이야.

발해를 세운 고왕 대조영 또한 '천통'이란 독자 연호를 사용했어. 천통은 '천하통일'의 줄임말이야. 대조영이 중국에 속하지 않고, 독자적으로 나라를 세웠다는 점을 강조하려는 것 같지? 만약 대조영이 발해를 중국의 지방정권으로 인식했다면, 이런 어마어마한 연호를 쓸 수 있겠니?

고왕에 이은 발해의 왕들도 모두 독자적인 연호를 사용했어. 그래, 발해는 건국에서 멸망에 이르는 그 한순간도 중국의 제후국이라는 생각을 하지 않았다는 이야기야. 그런 발해를 두고 중국의 지방정권이라고 왜곡하니, 지하에 있는 발해왕들이 땅을 치고 통곡할 일이지.

고려를 세운 태조 왕건도 '천수'라는 독자 연호를 사용했어. 고려의 아들로 4대 국왕에 오른 광종도 '광덕', '준풍' 등의 독자 연호를 썼지. 고려 초기까지만 해도 중국과 대등하게 우뚝 서려는 의지가 많이 보이지? (훗날 조선은 처음부터 명나라의 제후국이란 사실을 인정했어. 그래서 줄곧 명나라의 연호를 썼단다. 조금은 창피한 사실이지.)

태조 왕건은 고려가 고구려를 계승한 나라라는 점을 분명히 했어. 나라를 세우면서 태조가 행한 연설을 볼까?

"고려는 고구려의 정신을 이어받은 나라다. 우린 고구려의 후손이란 사실을 절대 잊어서는 안 된다. 고구려를 계승했다 멸망한 발해 유민을 적극 받아들여야 할 것이다. 동시에 발해를 무너뜨린 철천지원수 거란족과는 절대 타협해선 안 된다. 북으로 진군해 발해의 원수를 갚고 잃어버린 영토를 되찾을 것이다."

참으로 웅대한 꿈이지? 태조는 이 꿈을 달성하기 위해 평양을 서쪽 수도라는 뜻의 '서경'으로 정했어. 일종의 북벌 전진기지인 셈이지. 왜 평양을 다른 도시들보다 더 높이 대우했냐고? 평양이 고구려의 수도였기 때문이야.

이 몇 가지 사실만으로도 고려가 고구려를 계승했다는 사실을 알 수 있어. 그런데도 중국은 또다시 황당한 주장을 하면서 이 역사를 왜곡하고 있단다.

"고구려와 고려를 세운 민족은 같지 않다. 시간도 250년 이상 벌어지지 않았느냐. 그러니 고려와 고구려는 전혀 다른 민족이다. 고구려 유민들은 완전히 중국에 흡수됐다."

물론 고구려를 세운 주몽의 핏줄과 고려를 세운 왕건의 핏줄은 같지 않아. 하지만 민족이 다른 것은 아니야. 혈연관계가 아니라고 해서 서로 다른 민족이라고 주장하는 것은 논리적으로나 역사적으로 말도 안 되는 소리야. 이 말대로라면 조선을 세운 이성계의 핏줄과 왕건의 핏줄이 다르니 고려와 조선은 다른 민족이 돼야 해!

어처구니가 없는 것은, 이 주장대로라면 중국 또한 민족이 수시로 바뀐다는 점이야. 중국의 역사를 보면, 상나라(은나라) 이후 수십, 수백 차례 왕조가 바뀌었어. 같은 한족의 왕조라고 해도 나라가 바뀔 때마다 건국 혈통은 바

뀌지. 당연히 혈연의 관계는 없어. 그뿐만 아니라 이민족이 중국 한복판을 차지한 때도 여러 차례 있어. 가령 몽골의 원나라나 만주족의 청나라가 대표적이야.

중국이 "고구려와 고려를 건국한 세력이 다른 사람들이기 때문에 같은 민족이 아니다"고 주장하지? 이 말을 그대로 인용해 볼까?

"상나라 이후 왕조가 바뀔 때마다 건국한 세력이 달랐기 때문에 중국 왕조는 모두 다른 민족이다. 모두 역사가 달라서 오늘날의 중국 역사는 다 쪼개져야 한다."

만약 우리가 이렇게 주장한다면 중국은 어떤 반응을 보일까? 물론 이런 식의 터무니없는 주장을 해선 안 돼. 너무나 명백한 사실을 두고 억지를 부리는 것은 옳지 않아. 그렇게 하면 우리의 수준도 뚝 떨어지겠지?

제천의식

하늘에 제사를 지내는 의식을 말한다. 제천행사라고 한다. 고구려와 부여, 동예, 옥저, 삼한 등 고조선의 뒤를 이은 나라들에서 행해졌다. 제천행사의 이름은 각기 다르다. 고구려는 동맹, 부여는 영고, 동예는 무천이라고 했다. 삼한은 5월(수릿날)과 10월(계절제), 두 차례에 걸쳐 제천행사를 치렀다. 유일하게 옥저만 제천행사 기록이 남아있지 않다. 제천행사 때는 모두 춤을 추고 노래를 부르며 마음껏 즐겼다. 죄인을 풀어주기도 했다. 이들 나라가 비슷비슷한 제천의식을 지냈다는 것은 뿌리가 같다는 뜻이다.

3성6부제

중국 당나라의 중앙정부 형태로, 우리나라에 많은 영향을 미쳤다. 발해와 고려도 이를 벤치마킹해 각각 3성6부제와 2성6부제를 도입했다. 당나라의 3성은 중서성(정책 수립), 문하성(정책 심의), 상서성(정책 시행)이었다. 상서성 밑에는 이부, 호부, 예부, 병부, 형부, 공부를 둬 구체적인 업무를 하도록 했다. 발해의 3성은 정당성, 중대성, 선조성을 뒀다. 정당성은 당나라의 상서성 역할을 했지만, 당나라와 달리 발해에서는 최고의 기구였다. 6부는 충부, 인부, 의부, 지부, 예부, 신부다. 고려는 중서성과 문하성을 합친 중서문하성, 상서성 등 2성을 뒀다. 6부는 이부, 병부, 호부, 형부, 예부, 공부다.

개념정리 알찬복습

동북공정: 중국이 2001년부터 시작한 중국 동북지역의 역사 연구 프로젝트. 고구려를 포함해 한국의 고대사를 자국의 역사로 편입하는 게 핵심이다.

군장국가: 청동기 시대에 등장한 초보적인 형태의 국가. 왕이 없고 군장이 통치했다. 초기 고조선이 군장국가였다.

제왕운기: 고려 말기 이승휴가 쓴 역사책. 단군이 고조선을 건국한 해가 기원전 2333년이라고 기록한 책이다.

갑골문자: 중국 은나라와 주나라 때 사용됐던 문자. 거북의 등껍질이나 짐승의 뼈에 새겼다. 한반도에선 갑골문자가 발견되지 않아 중국과 다른 문화권이었음을 알 수 있다.

예맥: 기원전 3세기 무렵부터 한반도와 만주 일대에 살던 민족. 우리 민족의 조상이다.

조공, 책봉: 약소국이 강대국에 선물을 바치는 게 조공, 강대국이 약소국의 왕을 인정하는 것을 책봉이라 한다. 근세 이전 동아시아에 보편화 된 외교 관행이었다.

연호: 황제의 통치기간을 나타내는 일종의 달력이다. 중국 한나라의 무제 황제가 가장 먼저 사용했다.

3장

동해를 지킨
안용복과 이사부

도와주세요

일본이 자꾸 독도를 자기들 땅이라고 우기는데, 정말로 화가 나요. 왜 우리 땅에 그렇게 탐을 내는 거죠? 일본이 파렴치한 나라처럼 느껴져요. 그런데 사실은 고백할 게 있어요. 동생이 "독도가 언제부터 우리 땅이었어?"라고 묻는데 대답을 할 수 없었어요. 생각해 보니 저 또한 독도에 대해 아는 것보다 모르는 게 더 많다는 걸 깨달았어요. 많이 부끄러웠어요. 지금이라도 알고 싶어요. 언제부터 독도가 우리 땅이었어요? 통박사님~*♡

통박사의 어드바이스

창피해할 필요는 없어. 배우려는 그 자세가 중요한 거란다. 정말로 문제가 되는 것은, 일본의 억지 주장에 제대로 반박하지도 못하면서 목소리만 높이는 거야. "일본, 까불지 마"라고 얘기하려면 독도가 우리 땅이라는 근거를 확실히 대야 해. 그래야 일본도 기가 죽지 않겠어? 자, 그렇다면 어떻게 해야 할까? 우선 울릉도의 역사부터 알아야 해. 울릉도와 독도는 떼어 놓으려야 떼어 놓을 수 없는 관계이거든. 혹시 이사부란 이름을 들어봤니? 그분은 울릉도와 독도를 우리 역사 속으로 끌어들이셨어. 안정복이란 이름도 들어봤어? 그분은 일본으로 건너가 "울릉도와 독도가 조선 땅이다"는 사실을 인정하도록 했어. 일본에 항의하고 싶어. 그럼, 그 전에 그분들의 활약부터 살펴보는 게 좋을 거야.

일본으로부터 독도를 지킨 안용복

1693년 봄.

햇볕이 따스했어. 파도도 잔잔해 고기잡이에 더없이 좋은 날씨였지. 울릉도 주민이 출어 준비를 하고 있었어. '출어'는 고기를 잡기 위해 떠난다는 뜻이야. 이 무렵 울릉도에는 약 40여 명의 조선 어민들이 살고 있었단다.

그중에는 동래(오늘날의 부산) 관군인 안용복도 끼어 있었어. 풍랑에 휩쓸려 울릉도로 왔다는 얘기도 있고, 특별한 목적을 위해 이곳으로 왔다는 이야기도 있어. 목적이 뭐냐고? 곧 알게 될 거야.

임진왜란 전까지만 해도 울릉도에는 조선 사람이 거의 살지 않았어. 조정이 법으로 금지하고 있었기 때문이야. 하지만 이 지역의 풍부한 수산 자원을 놓칠 수는 없잖아? 강원도 해안 지대의 어민들이 속속 섬에 정착했어.

농사를 잘 지으면 풍년이라고 하지? 물고기를 많이 잡으면 '풍어'라고 한단다. 조선 어민들은 풍어를 기원하며 바다로 나아갔어. 그물을 바다에 던져놓고 물고기들이 들어오기를 기다렸어. 바로 그때 일본 어선들이 다가왔어. 순간 긴장감이 감돌기 시작했지. 안용복이 낮은 목소리로 말했어.

"긴장하지 마시오. 침착하시오. 여기는 우리 땅이외다. 왜인들이 아무리 날뛰어도 별수 없을 것이오."

곧 서로의 얼굴이 잘 보일 정도로 거리가 가까워졌어. 왜인들은 뱃머리를 조선 어민들의 배 옆구리에 바싹 붙었어. 그들의 우두머리가 험상궂은 표정으로 큰 소리로 뭐라 뭐라 떠들었어. 일본어를 모르는 조선 어민들은 안용복을 쳐다보았어. 안용복은 동래에 있는 왜관을 수시로 드나들었기에 일본어를 능숙하게 구사했거든. '왜관'은 일본인들이 머무는 곳을 가리키는 말이야. 안용복이 주저하지 않고 왜인 우두머리에게 말했어.

"이곳은 조선의 바다다. 우리가 이곳에서 물고기를 잡는 것은 지극히 당연한 일이다. 당신들이야말로 왜 남의 나라에 와서 물고기를 잡는가?"

그러자 왜인 우두머리가 다시 큰소리로 뭐라 맞받아쳤어. 그 말을 번역하면 이런 내용이야.

"우리는 일본 정부인 에도 막부(막부는 군사정부를 뜻하는 일본 용어야)로부터 이 지역의 조업 면허를 받았다. 조선인들은 당장 여기에서 떠나라. 그렇지 않으면 무력을 쓰겠다!"

분위기가 험악해졌어. 안용복이 주변을 돌아봤어. 어림셈했더니 조선 어민의 인원이 턱없이 적었어. 승리를 장담할 수 없는 상황. 실제로 싸움이 벌어지자 왜인들은 순식간에 조선 어선으로 뛰어들어 안용복과 어민들을 붙잡았어. 안용복은 그들의 손을 뿌리치며 외쳤어.

"이곳은 조선의 영토다. 우리가 우리 바다에서 물고기를 잡는데, 왜인들이 와서 행패를 부리다니! 이놈들아. 냉큼 떨어지지 못하겠느냐!"

적은 인원으로 그들을 대적하기는 쉽지 않았어. 결국, 조선 어민들이 무릎을 꿇을 수밖에 없었지. 왜인 우두머리가 조선 어민들을 보며 일장연설을 늘어놓기 시작했어.

"우린 오야 가문의 사람들이다. 오야 가문은 이미 60여 년 전부터 이곳에서 조업해 왔다. 이곳은 엄연히 일본 영토! 지금 너희는 남의 나라 영토에 무단으로 침입한 것이다!"

왜인의 설명이 이어졌어. 그가 말한 바로는 오야 가문은 1617년부터 울릉도와 인연을 맺었어. 바로 그 해, 오야 가문의 배가 폭풍에 휩쓸려 표류하다가 울릉도에 상륙했어. 오야 가문의 사람은 울릉도에 사람이 살지 않는다는 것을 알게 됐어. 그 사람은 본국으로 돌아간 후 에도 막부에 울릉도에서 조업할 수 있는 면허를 발급해 달라고 요청했어. 1625년 에도 막부는 그 사람에게 도해 면허를 발급해줬지. '도해'는 바다를 건넌다는 뜻이야.

그때부터 오야 가문이 울릉도와, 울릉도에 딸린 독도의 모든 수산물과 임산물을 독점했어. 하지만 조선 어민들은 법 때문에 이 지역에 올 수 없었지. 그러다가 1690년 무렵부터 조선 어선들이 울릉도 근해까지 진출했고, 이날 일본 어선을 만나게 된 거야.

왜인의 말을 듣던 안용복이 어이없다는 표정을 지어 보였어. 이윽고 안용복이 따지기 시작했어.

"무슨 망발이냐? 왜 울릉도가 비어있는 섬이란 말이냐? 울릉도는 신라 이후로 대대로 우리 영토였다. 도해 면허를 받았기 때문에 울릉도와 우산도(독도)가 너희 땅이라고 했는가? 네 이놈들! 지금 어디서 얄팍한 속임수를 부리는 것이냐! 도해 면허는 외국으로 고기잡이를 나갈 때만 발급하는 게 아니더냐!"

안용복의 호통에 왜인들의 기가 꺾였어. 틀린 말이 아니었거든. 당시 에도 막부는 도해 면허를 '외국 바다로 나가는 어선'에게 발급했어. 그래, 에도 막부는 울릉도와 독도를 외국, 즉 조선의 영토라고 생각했던 거야. 더욱이 도해 면허는 일회용이었어. 고기잡이를 나갈 때마다 다시 면허를 받아야 했지. 당황한 왜인 우두머리가 더듬거리며 소리쳤어.

"안 되겠다. 저 자를 끌고 가자. 다시는 울릉도와 독도 주변에 나타나지 않겠다는 다짐을 받아내야겠다."

부산광역시 수영사적지에 있는 안용복의 사당이다.

조선 어민들이 술렁거리기 시작했어. 하지만 안용복은 당황하지 않았어.

"여러분. 침착하십시오. 아무 일 없을 거외다. 우리가 잘못 한 일이 없잖소!"

이틀 후 안용복을 태운 배는 일본 돗토리 번에 도착했어. '번'은 영주가 다스리는 영토를 말해. 일본 봉건제에서 영주는 에도 막부의 제후와 비슷해. 영주는 막부에 충성하는 대신 번에서는 1인자 행세를 했지. 그 영주가 안용복에게 물었어.

"죽도(울릉도)와 송도(독도)는 우리 일본의 영토요. 왜 일본 영토를 무단으로 침범했소? 그 죄를 아시오?"

안용복은 여전히 한 치의 흐트러짐도 없었어.

"벌써 여러 번을 말했거늘. 아직도 알아듣지 못한 거요? 다시 말하겠소. 울릉도와 우산도(독도)는 명백한 조선의 영토요. 그 지역은 신라 이후 단 한 차례도 우리 영토가 아닌 적이 없었소."

그의 눈은 이글거렸고, 목소리는 우렁찼어. 인질이 오히려 더 큰소리를 치니 영주가 당황할 수밖에. 영주는 안용복을 잘 구슬려 보려 했지만, 전혀 먹히지 않았어. 안용복은 다시 말했어.

"내 요구는 변함이 없소. 에도 막부가 직접 울릉도와 우산도가 조선의 땅임을 인정하는 공식 문서를 작성해 주시오."

조금도 굽히지 않는 당당함. 쩌렁쩌렁 울리는 목소리. 돗토리 번의 영주도

두 손을 들 수밖에 없었어. 영주는 에도 막부에 안용복의 요구 조건을 전달했어. 얼마 지나지 않아 막부에서 온 전갈에는 이렇게 적혀 있었어.

"조선인 안용복이 원하는 대로 울릉도와 독도가 조선의 영토란 사실을 서계(조선과 일본 사이에 오간 국가 문서)로 인정해 줘라. 그 후 안용복을 조선으로 돌려보내라."

일본 정부인 에도 막부까지 안용복에게 무릎을 꿇은 거야! 안용복은 혼자 몸으로 적진에서 울릉도와 독도가 우리 영토라는 사실을 인정받는 쾌거를 이뤄냈어. 서계를 받아든 안용복은 금의환향할 채비를 했어. 하지만 귀국길은 순탄하지 않았단다.

에도 막부는 안용복을 나가사키 번으로 보내도록 했어. 조선과 무역을 할 때나 사절단을 주고받을 때는 나가사키 번과 인접한 대마도(쓰시마) 번에서 담당했기 때문이야. 바로 그 대마도에서 문제가 생겼어.

대마도 영주, 즉 대마도주는 서계를 빼앗고 안용복을 가둬버렸어. 이어 서계를 조작했어. 내용은 이렇게 바뀌었지.

"조선 조정은 조선 어민들이 다케시마 주변에서 조업하지 못하도록 단속해 달라. 안용복 일행이 이번에 다케시마 주변에서 불법조업하다 우리에게 붙잡혔지만, 양국의 관계를 생각해 돌려보낸다."

내용이 확 달라졌지? 여기서 하나 알아둘 점이 있어. 요즘 일본은 독도를 '다케시마(죽도)'라고 하지? 이때만 해도 일본인들은 울릉도를 다케시마라 불렀단다. 죽도를 한자로 표기하면 '竹島'가 돼. 울릉도에 대나무가 많다 해서 일본인들이 이렇게 불렀던 거야. 일본인들은 독도를 송도라 불렀어.

대마도 사신이 안용복과 함께 동래로 입국했어. 서계도 조선 조정에 전달됐지. 조정은 서계의 내용이 미심쩍다고 생각했어. 대마도 사신을 추궁했지.

"대마도 사신은 들으시오. 지금 귀하가 가지고 온 문서가 에도 막부의 정식 서계요? 우리가 안용복을 조사한 내용과는 많이 다른 듯해서 묻는 것이오. 거짓 없이 답변해 주시오."

대마도 사신의 얼굴이 붉게 변했어. 기어들어가는 목소리로 사신이 말했어.

"그, 그렇소이다. 다, 다케시마는 우리 일본의 영토라는 게 에도 막부의 이, 입장이오."

"정녕 그 말이 사실이오? 안용복의 말에 따르면 돗토리 번에서는 융숭한 대접을 받았다 하더이다. 에도 막부로부터 울릉도와 독도가 조선의 땅이란 사실을 인정하는 서계도 받았다 하더이다. 하지만 대마도에서 그 서계를 빼앗기고 핍박을 당했다던데…. 귀하의 말이 사실이라면 안용복, 저 자가 거짓말을 한 셈이오. 우리가 직접 에도 막부에 확인하오리까?"

대마도 사신은 더는 속임수가 통하지 않을 거라는 사실을 깨달았어. 그제야 이실직고하기 시작했어. 조정은 대마도주에게 줄 서계를 작성했어.

"대마도주는 보시오. 귀하가 말하는 다케시마는 우리의 울릉도요. 귀하가 말하는 송도는 우리의 우산도(독도)요. 두 섬은 조선의 영토요. 그러니 일본 어민들이 와서 조업한 것도, 안용복 일행을 납치한 것도 중대한 범죄요. 다시는 이런 불미스런 일이 없도록 조처를 해 주시오."

안용복으로 인해 조선 조정이 울릉도와 독도를 단단히 정비하는 계기를 얻었지? 정말로 대단한 일을 한 셈이야. 하지만 그 업적에 맞는 대우를 받지는 못했어. 오히려 처벌을 받았단다. 그는 대마도에서 수십 일을 갇혔고, 다시 동래 왜관에서 수십 일을 갇혀 지냈어. 그 후에는 조정에 넘겨져 심문을 당하기까지 했단다.

"네 죄를 네가 알렸다. 감히 조정의 허가도 받지 않고 함부로 국경을 넘다니! 그게 얼마나 큰 죄인지 아느냐?"

어이가 없는 일이야. 상을 주지는 못할망정 처벌을 하다니! 안용복은 곤장을 맞고 2년간 감옥에 갇혀야 했어. 그나마 조정이 대마도 영주와 에도 막부에 "울릉도와 독도 주변에서 조업하지 말라"는 뜻을 확실히 전달한 건 다행이야.

숙종이 조선을 통치한 지 20년 되던 해인 1694년 8월에는 일본인의 조업을 금지했고, 9월에는 강원도 삼척에서 근무 중이던 장한상이란 관료에게 울릉도 주변을 조사하도록 했지. 장한상은 한 달여 만에 돌아와 보고서를 만들었어. 이 보고서 이름이 '울릉도사적'인데, 독도에 관한 이야기도 담겨 있단다.

"독도는 울릉도 동남쪽으로 300여 리 거리에 있습니다. 크기는 울릉도의 3분의 1 정도입니다."

안용복 유배와 맞바꾼 분쟁 종결

1695년 12월.

돗토리 번의 영주에게 서찰이 하나 도착했어. 에도 막부에서 온 서찰이었지.

"다케시마(울릉도)는 언제부터 이나바와 호키의 영토였는가?"

이나바와 호키는 돗토리 번에 속한 영토야. 그러니 이 말을 바꿔 말하면 "울릉도가 돗토리 번의 땅이냐?"는 질문이 돼. 돗토리 영주는 고민 끝에 '진실'을 밝혔어. 그는 다음과 같은 답변을 보냈단다.

"다케시마와 송도(독도)는 이나바와 호키에 속하지 않습니다. 이나바와 호키에 속하는 섬은 없습니다. 울릉도와 독도는 일본의 어느 지방에도 속하지 않습니다."

이제 울릉도와 독도가 일본 영토가 아니란 사실이 명확해졌지? 그렇다면 중앙정부인 에도 막부도 뭔가 조치를 취해야 해. 그렇지 않으면 조선과의 국제관계가 악화될 수도 있잖아? 외교 분쟁을 막으려면 분명히 드러나는 조치가 있어야 해.

해가 바뀌고 1696년 1월이 됐어. 에도 막부는 울릉도와 독도 일대의 도해 면허를 취소했단다. 이게 무슨 뜻이겠니? 그래, 울릉도와 독도가 조선의 땅이란 것을 일본 정부가 공식적으로 인정했다는 거야.

하지만 에도 막부의 이 서계는 바로 조선에 전달되지 않았어. 음흉한 대마도 영주 때문이지. 대마도 영주는 울릉도와 독도를 절대 내어주고 싶지 않았어. 그래서 서계를 조선에 넘겨주지 않은 거야. 이때문에 울릉도와 독도 근해에는 여전히 일본 어선들이 자주 나타났어. 이러니 조선 어민들은 분통이 터질 수밖에. 하지만 조선 조정도 너무 느긋했어. 일본에 강력하게 항의를 하지 않았거든.

마침 안용복이 2년간 옥살이를 하고 나왔어. 안용복은 대마도 영주를 비롯해 악랄한 일본인들에게 본때를 보여주기로 했어. 뜻이 맞는 사람들을 모았어. 그들에게 이렇게 말했지.

"내가 곤장을 맞고 옥살이를 해서 아픈 게 아니오. 왜인들이 저렇게 마음

정부가 나몰라라 하는 독도 문제를 해결하기 위해 노력했던 안용복의 동상이다.

대로 우리 바다를 휘젓고 다니는 걸 막지 못해 마음이 아픈 것이오. 물론 조
정도 계획이 있을 것이오. 하지만 지금 확실하게 못을 박지 않으면 안 되오.
우리라도 나서야 하오."

많은 사람이 안용복을 지지했어. 안용복은 울릉도와 독도가 조선의 영토
로 표기된 지도를 준비하고, 관료로 위장했어. 벼슬 이름은 '울릉우산양도
감세관'이었어. 울릉도와 우산도로 도망간 조선인들을 붙잡아 세금을 징수
하고 두 지역을 감독하는 관리란 뜻이야.

1696년 5월.

안용복이 10여 명의 동료와 함께 울릉도에 도착했어. 예상대로 일본 어민
들이 조업하고 있었어. 안용복이 호통을 치면서 다가갔어.

"네 이놈들! 울릉도가 조선의 영토란 사실을 아직도 인정하지 않는 게냐?
버젓이 이곳에서 조업하다니, 미쳐도 단단히 미쳤구나!"

일본 어선들이 독도로 도망쳤어. 안용복 일행이 그들을 뒤쫓아 독도 주변
에서 붙잡았어. 안용복이 다시 호통을 쳤어.

"네 이놈들! 독도 또한 우리 땅이거늘, 감히 조선의 바다에 함부로 들어와
조업한단 말이냐? 안 되겠다. 앞서라! 너희 땅으로 가자. 내가 직접 담판을
짓겠다. 뭘 하느냐? 어서 앞장을 서라니까!"

안용복은 그 전에 납치됐던 길을 따라 일본으로 갔어. 안용복은 성큼성큼
돗토리 성으로 걸어갔어. 당황하는 일본인들에게 조선 지도를 펴 보이며 말

했어.

"당신들이 말하는 죽도는 우리의 울릉도이며 송도는 독도요. 내가 우리의 땅에서 고기잡이하는데 당신들이 납치해 끌고 왔었소. 그 책임을 묻기 위해 왔소. 난 소송을 걸 것이오."

안용복의 이야기는 거침이 없었어.

"난 조선을 대표해서 이곳에 왔소. 대마도 영주가 조선 조정과 에도 막부 사이를 이간질하고 있소. 또한, 대마도 사람들이 동래의 왜관에서 온갖 몹쓸 짓을 하고 있소. 대마도 영주의 죄를 낱낱이 적은 이 서계를 막부에 전달해 주시오."

안용복의 서찰은 곧 막부에 전달됐어. 막부는 당황했어. 막부는 대마도 영주에게 사람을 보내 어쩌다 일을 이 지경까지 키웠느냐고 꾸짖었어. 대마도 영주도 당황했겠지? 대마도 영주는 사태 파악에 나섰어. 그러다가 안용복이 조선의 정식 사절이 아니란 사실을 알아냈어. 이 사실을 에도 막부에 전달했어.

에도 막부는 고민 끝에 안용복을 추방하라는 지시를 내렸어. 돗토리 번은 당장 안용복 일행을 가뒀어. 안용복과 동료들은 수십 일 동안 한 섬에 갇혀 지내다 몇 달이 지나서야 조선으로 강제 송환됐어.

안용복은 강원도 양양, 부산을 거쳐 한양으로 이송됐어. 다시 조사를 받기 시작했어. 죄가 더 커졌어. 과거에는 국경을 마음대로 넘은 죄만 물었지? 이번에는 관리로 속였다는 죄까지 얹어졌어.

이 무렵 집권당은 서인이었어. 서인 붕당은 크게 노론과 소론으로 나뉘었지. 노론은 안용복을 처형할 것을 주장했어. 조선이 탄생한 후부터 줄곧 섬을 비우는 정책을 유지하고 있는데 안용복이 그걸 어긴 게 첫 번째요, 관리로 속여 외교 분란을 일으킨 게 둘째이며 마음대로 문서를 위조한 게 세 번째 죄라는 거야.

반면 소론은 안용복이 죄보다 공이 더 크기 때문에 봐줘야 한다고 주장했어. 영토 문제를 조정이 제대로 해결하지 못했는데, 일개 병졸이 멋들어지게 해냈잖아? 소론은 절차나 관리 사칭의 죄도 크지만, 공을 봐서라도 처형해선 안 된다고 주장했어.

노론과 소론은 치열하게 논쟁을 벌였어. 다행히 안용복은 처형을 면했어. 그래도 유배는 피할 수 없었어. 결국, 안용복은 지방으로 귀향을 떠났어. 그다음 안용복의 기록은 찾아볼 수 없게 됐단다. 역사에서 사라진 거야. 씁쓸한 일이지.

안용복은 높은 벼슬아치가 아니었어. 하지만 그 누구도 할 수 없는 일을 해냈지. 그런데도 돌아온 것 옥살이와 귀양이었어. 아무도 그를 대접해주지 않았어. 안용복에 대해 높은 평가가 내려진 것은 조금 시간이 지난 후였어. 실학자인 이익은 자신의 책 〈성호사설〉에서 안용복을 이렇게 평가했단다.

"안용복은 일개 군졸이었지만 오랜 영토분쟁을 끝낸 영웅호걸이다. 그런 인물에게 형벌과 귀양을 내렸으니 애통하지 않을 수 없다."

이 사건 이후 조선 조정의 태도가 크게 달라졌어. 바다에 있는 '보잘것없는' 섬이라 해도 우리의 영토라는 게 얼마나 중요한 것인지, 그곳에 있는 어족 자원과 삼림자원이 얼마나 중요한 것인지를 깨닫기 시작했어. 이후 조선의 울릉도와 독도 정책이 조금은 적극 바뀌게 됐단다.

그 후의 상황을 마지막으로 살펴볼까?

대마도 영주가 시간을 질질 끄는 바람에 에도 막부의 서계가 조선에 전달되지 않았지? 이 서계는 1697년에 조선에 전달됐어. 그 해 4월, 조선 조정은 막부의 서계를 확인했다는 답변서를 보냈단다.

7월에는 조선의 서계를 막부가 받았어. 이어 1698년 1월, 에도 막부는 대마도에 "더는 울릉도와 독도 근처에 가지 마라"는 명령을 내렸어. 이제 법적으로 일본 어민들은 울릉도와 독도 일대에 접근할 수 없게 됐지. 더불어 울릉도와 독도가 확실하게 조선의 영토가 됐어. 그래, 모든 영토분쟁이 끝난 거야!

자, 안용복이란 인물이 얼마나 훌륭한 사람인지 알 수 있겠지? 정부조차 무심했던 영토 문제를 평범한 국민이 해결했잖아? 17세기 후반, 조선은 안용복이란 인물이 있었기에 울릉도와 독도를 지킬 수 있었어. 따라서 안용복의 행동은 역사적 쾌거로 볼 수 있지.

🙂 우산국의 역사

1982년 개그맨 출신의 가수 정광태가 '독도는 우리 땅'이란 노래를 발표했어. 30년이 지난 지금까지도 이 노래는 많은 사람들이 즐겨 부르는 국민가요야. 이 노래는 총 5절로 돼 있는데, 4절과 5절을 잠깐 살펴볼까?

'지증왕 십삼년 섬나라 우산국 / 세종실록지리지 오십 페이지 셋째 줄 / 하와이는 미국땅 / 대마도는 몰라도 / 독도는 우리 땅.'

'러일전쟁 직후에 임자 없는 섬이라 / 억지로 우기면 정말 곤란해 / 신라 장군 이사부 / 지하에서 웃는다 / 독도는 우리 땅.'

여기서 잠깐! 우산국과 이사부란 말이 나오지? 정말 중요한 단어란다. 우산국은 울릉도를 말하는 것이고, 이사부는 그 우산국을 우리 역사로 만든 인물이거든.

일본이 자꾸 독도를 자기들 땅이라고 우기고 있어. 말도 안 되는 얘기야. 하지만 우리가 울릉도와 독도에 대해 잘 모르고 있다면 일본의 억지에 대해 반박할 수가 없어. 그러니 우선 울릉도와 독도가 어떻게 해서 우리 역사로 들어왔는지부터 알아야 해. 그래야 지하에 계신 안용복과 이사부 장군의 마음이 편해지겠지?

독도는 언제 만들어졌을까?

지질학자들은 지금으로부터 약 450만~250만 년 전쯤에 독도가 탄생했다고 보고 있어. 지질연대로 보면 신생대 3기의 '플라이오세' 시기야. 울릉도가 약 250만~1만 년 전에, 제주도가 약 120만~1만 년 전에 만들어졌을 것으로 추측돼. 그렇다면 독도야말로 한반도의 여러 섬 가운데 큰형님이 되는 셈이야.

여러 자료를 종합하면 기원전 500년 이전, 그러니까 지금으로부터 최소한 2500년 이전에 이 섬을 발견했어. 누가? 그야 우리 조상이지. 일본이 독도를 발견한 것은 1500년 이후의 일이야. 우리가 일본보다 무려 1천 년 이전에 독도를 발견했다는 이야기가 되지.

독도는 바위로 이뤄진 섬. 당시는 오늘처럼 문명이 발달하지 못했기에 사람이 살 수 없었어. 역사를 만드는 것은 바로 사람들이야. 하지만 독도에는 사람이 없는 무인도였어. 그렇다면 주인도 없는 걸까? 아니야. 독도 일대를 실제로 지배하는 나라가 있다면 주인은 정해진 거 아닐까? 그런 나라가 있었어. 바로 우산국이야.

우산국은 오늘날의 울릉도에 도읍을 둔 해상 왕국이었단다. 우산국 백성은 농사를 짓거나 물고기와 해산물을 잡으며 살아갔어. 토지는 비옥했어. 강수량도 넉넉했지. 살기가 좋았던 걸가? 하지만 외부와는 바다로 떨어져 있었어. 그러니 신라, 고구려와 교류한 적도 없었고, 먹을 것과 입을 것을 모두 스스로 해결해야 했지. 우산국 사람들은 강인해질 수밖에 없었어. 거칠고 용맹했지.

사실 우산국이 언제부터 존재했는지는 정확하게 알 수 없어. 남아있는 기록이 거의 없기 때문이야. 중국의 몇몇 역사서나 우리 역사서인 〈삼국사기〉

와 〈삼국유사〉에 조금 남아있을 뿐이지. 역사서마다 기록이 약간씩 달라서 어느 기록이 진짜인지도 알 수 없어. 다만 여러 기록을 종합하고, 상상력을 보태면 우산국의 역사를 대충 짐작할 수 있단다.

우산국이 한반도에 알려진 것은 대략 5세기 무렵이야. 이때까지만 해도 우산국에서는 중앙집권제가 발달하지 않았어. 여러 부족으로 구성됐을 것이고, 가장 강한 부족의 족장이 왕에 올랐을 거야. 나머지 부족은 그 왕에 충성을 맹세했겠지. 우산국의 왕은 울릉도를 비롯해 독도와 그 주변의 섬, 나아가 멀리 대마도 일대까지 세력을 뻗었어. 이 사실을 뒷받침하는 전설도 있어. 우산국의 왕이 병사들을 이끌고 대마도로 쳐들어가 그곳 영주의 딸을 납치했다는 이야기가 오늘까지 전해지고 있단다.

우산국은 비록 고대 국가의 반열에 오른 신라, 고구려, 백제만큼은 아니더라도 나름대로 상당히 문명이 발달했던 것으로 추정돼. 바다를 장악했으니 동해안에서는 우산국을 따라갈 경쟁자가 없었어. 우산국은 5세기까지만 해도 동해 일대를 완전히 장악한 최고의 해상 왕국이라고 할 수 있어. 독도? 당연히 우산국의 영토에 포함돼 있었어.

그랬던 우산국이 5세기 이후 새로운 운명을 맞게 돼. 바로 이때 울릉도와 독도가 우리 역사 속으로 성큼 들어왔거든.

서기 400~500년 무렵부터 한반도에는 신라, 고구려, 백제 세 나라가 치열하게 주도권 다툼을 하고 있었어. 이 무렵에는 광개토대왕과 장수왕이 등장한 고구려가 가장 강했어. 백제와 신라는 기를 펴지 못했지.

하지만 고구려는 동해안으로 눈을 돌리지 않았어. 중국과 대결했기 때문이야. 동해안에 신경 쓸 여유가 없었어. 강대국인 고구려가 내버려뒀으니 여전히 동해안의 최강자는 우산국이었어.

500년 신라에서 22대 지증왕이 등극했어. 지증왕은 대대적인 개혁을 추진했어. 행정구역을 개편한 것도 그런 개혁 가운데 하나였어. 지증왕은 중국 제도를 벤치마킹해 전국을 주-군-현으로 나눴어. 가장 먼저 경북 울진과 강원 삼척 지역을 하나로 묶어 '실직주'로 정했어. 실직주는 신라에서 가장 먼저 탄생한 주인 셈이지.

주를 다스리기 위해 파견된 중앙 관료를 '군주'라고 했어. 오늘날의 도지사와 비슷해. 실직주에도 당연히 군주가 파견됐지. 그 군주가 바로 신라 내물왕의 4대 후손인 이사부 장군이었단다.

이사부는 얼마 후 아슬라주의 군주로 자리를 옮겼어. 아슬라주는 오늘날의 강원도 강릉 지역을 가리킨단다. 이사부는 이참에 우산국을 공략하기로 했어. 때는 512년이었어.

"신라 병사들이여! 우린

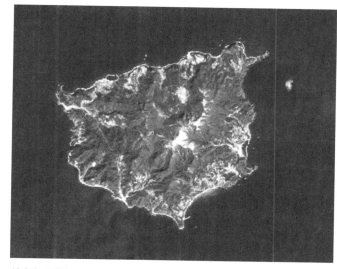

신라의 이사부 장군이 우산국(현재 울릉도)을 정복했다. 사진은 상공에서 내려다본 울릉도 모습으로 울릉도는 독도에서 90km 떨어져있다.

더는 동해를 주인 없는 바다로 내버려두지 않을 것이다. 우산국을 무릎 꿇리고 동해를 우리 신라의 바다로 만들 것이다. 병사들이여! 전투 준비를 해라!"

이사부의 연설이 끝나자 병사들이 일제히 환호성을 질렀어. 사기는 하늘을 찔렀어. 하지만 우산국 정벌이 만만하지는 않았어. 정찰병이 돌아와 이사부에게 보고했어.

"장군. 공략이 쉽지 않을 것 같사옵니다."

"무슨 소리냐? 병사들의 사기가 하늘을 찌르고 있다. 우리 앞을 가로막는 게 그 무엇이더냐?"

"일단 섬에 상륙하면 어떻게든 해 볼 수 있을 텐데…. 섬 전체가 요새와도 같습니다. 상륙 자체가 어렵습니다."

정말로 그랬어. 울릉도는 사방 백 리가 비옥하지만, 해안지대는 험했거든. 또 우산국 병사들도 죽을 각오로 전투에 대비하고 있었어. 이대로 상륙전을 펼쳤다가는 신라 병사들이 많이 다칠 가능성이 컸지. 이사부가 난감한 표정을 지었어. 우선 우산국 내부 사정을 알아보기로 하고 사절을 불렀어.

"우산국의 왕에게 항복을 권하는 문서를 전달하라. 신라에 저항하면 우산국을 초토화하겠다고 하라."

얼마 후 사절이 돌아왔어. 겁에 질린 표정이었지.

"장군. 우산국 왕은 절대 항복할 뜻이 없다고 했나이다. 정복하려면 정복해보라고 떠들었나이다."

이사부의 얼굴이 일그러졌어. 그러더니 비장하게 말했어.

"나, 신라 장수 이사부! 반드시 저 오만한 우산국 왕의 무릎을 꿇리고 말겠다. 여러 장수는 들으시오. 지금부터 우산국을 정복하기 위한 묘책을 짜내는 데 전념하시오. 비법을 찾아내지 못하면 갑옷을 벗을 각오하시오!"

며칠이 지났어. 그 사이에 장수들은 전략을 짜느라 제대로 잠도 못 잤어. 이런 저런 얘기들이 오갔지.

"우산국 사람들은 용맹하다 들었소. 그들을 강제로 정복하는 게 가능하겠소?"

"그들은 신라와의 전투를 겁내지 않고 있소. 이대로 싸우다간 신라의 피해만 더 클 뿐이오."

"허면, 우산국 사람들이 겁을 먹을 만한 뭔가를 동원하면 어떻겠소? 그자들도 두려워하는 게 있을 거 아니오?"

장수들의 이야기를 듣고 있던 이사부가 갑자기 무릎을 쳤어.

"옳거니. 바로 그거야. 꼭 병사들만 전투하란 법이 있나? 무서운 맹수들을 동원하면 될 일 아닌가?"

장수들이 어리둥절한 표정을 지었어. 이사부가 호탕하게 웃고 난 뒤 명령을 내렸어.

"맹수 병사를 만들어라!"

그때부터 신라 병사들은 나무로 사자를 만들기 시작했어. 굵은 나무로는 몸통을 만들었고, 가지들로는 네 다리를 만들었지. 회초리로는 사자의 갈기를 만들었어. 통통한 나무토막으로는 머리를 만들었어. 나무토막들을 모아 놓았지만, 멀리서 보면 영락없는 사자였어.

출정 일이 다가왔어. 때는 512년 6월, 지증왕이 신라를 통치한 지 13년째 되던 해였어. 이사부는 병선마다 나무 사자를 잔뜩 싣도록 했어. 병사들에게는 으르렁거리는 소리를 내도록 했지. 이사부가 껄껄껄 웃었어.

"이제 승리는 우리 것이다."

나무 사자들을 실은 신라의 병선들은 곧 울릉도 앞바다에 도착했어. 신라 사절이 먼저 작은 배를 타고 우산국으로 들어갔어. 사절이 지닌 전갈에는 이렇게 적혀 있었어.

"우산국의 왕은 들어라. 이번에도 항복하지 않으면 우리가 가지고 있는 사자들을 섬에 풀 것이다. 우산국 백성들은 모두 죽음을 면치 못하리. 그래도 신라에 맞서겠다면 보낸 사절을 죽여라. 그 경우 우산국은 몰살을 각오해야 할 것이다."

과연 이사부의 예상대로였어. 우산국의 배 몇 척이 신라의 병선들에 가까이 왔어. 우산국의 사절이 그 배에 타고 있었어. 사절은 머리를 조아리며 말했어.

"우산국의 왕께서 신라의 장군을 정중히 모시라 하셨나이다."

사절의 호위를 받으며 이사부를 태운 배가 울릉도 해안에 당도했어. 한눈에 봐도 누가 우산국의 왕인지 알 수 있었어. 그 우산국의 왕이 이사부에게로 성큼성큼 다가왔어. 왕이 머리를 숙였어.

"우산국의 왕, 신라의 장군을 뵈옵니다. 왕의 이름으로, 우산국이 신라에 복종할 것을 맹세합니다."

이사부가 우산국의 왕에게 다가갔어. 이사부는 왕을 일으켜 세우고 말했어.

"우산국의 왕이시여. 현명한 왕의 결정에 경의를 표하나이다. 앞으로 우리 신라와 우산국은 좋은 관계로 지내게 될 겁니다."

이후 우산국은 신라에 공물을 바쳤어. 신라인이 수시로 울릉도를 드나들었어. 신라의 문화가 수입되면서 울릉도의 문화도 발전할 수 있었어. 오늘날 울릉도에서 신라의 유적이 간간이 발굴되는 것도 이 때문이란다. 통일신라 이후에는 불교문화도 수입됐어. 통일신라의 불교 작품인 금동불상을 울릉도에서도 볼 수 있단다.

이 내용은 〈삼국사기〉의 짧은 기록을 토대로 재구성한 거야. 앞뒤 정황을 고려하면 아마도 이 이야기대로 일이 전개됐을 거야.

우산국을 정복한 후에도 신라는 따로 왕을 파견하지는 않았어. 우산국의 왕이 신라 국왕의 허락을 받아 나라를 통치했지. 이런 지배 방식을 '복속'이라고 한단다. 이미 말했던 대로 우산국은 울릉도만 아니라 독도와 주변을 모두 지배하고 있었어. 그러니 그 모든 영역이 이때부터 한반도의 역사에 들어왔다고 할 수 있는 거야.

하지만 그 후 한반도를 통일한 신라는 점차 엉망진창이 돼 버렸어. 육지도 제대로 통제하지 못하는데 멀리 울릉도와 독도는 말할 것도 없었지. 우산국은 다시 자유로워졌을 거야.

다행히 고려로 접어들면서 우산국이 다시 한반도에 포함됐어. 930년 우산국의 왕이 고려 조정을 찾아 문안 인사를 올렸거든. 강대국의 왕실을 찾아 문안 인사를 하는 걸 '입조'라고 한단다. 우산국의 왕은 고려의 지배를 받아들이기로 했어.

936년 고려 태조 왕건은 한반도를 통일하는 데 성공했어. 태조는 전국의 행정구역을 정비했는데, 이때 우산국을 '우릉성'이라 불렀어. 이제는 복속 차원이 아니라 아예 고려 일부분이 된 거야.

동국대지도에 우산국이 그려져 있다.

고려는 우릉성을 동해안 경비의 전초 기지로 활용했단다. 덕분에 본토와 울릉도 일대와의 교류도 더욱더 활발해졌어. 이제 누구도 울릉도와 독도를 넘보지 못하게 된 건가? 글쎄….

🙂 울릉도의 고난

1018년의 어느 날 밤.

수십 대의 배가 울릉도로 접근하고 있었어. 이윽고 배가 상륙했어. 사람들이 신속하게 내리기 시작했어. 몇 명인지 헤아리기도 힘들 만큼 많았어. 그들은 여진족이었어. 여진족 해적의 우두머리가 소리를 질렀어.

"닥치는 대로 약탈하라! 살아있는 자는 모두 죽여라!"

여진족의 대대적인 울릉도 약탈이 시작됐어. 해적들은 민가를 습격해 닥치는 대로 사람을 죽였어. 식량을 약탈하고 불을 질렀어. 관군이 급히 출동했지만, 힘이 달렸어. 결국, 많은 울릉도의 주민이 본토로 대피해야 했지.

이 약탈은 꽤 오랫동안 계속됐어. 여진족이 돌아간 후의 울릉도는 폐허가 돼 있었어. 고려 조정이 울릉도에 농기구도 보내고, 피난을 떠나온 사람들을 돌려보내 복구 작업도 벌였지만 별 효과가 없었어.

더는 사람이 살 수 없는 섬. 사람들은 하나둘 울릉도를 빠져나왔어. 1032년 무렵에는 대부분 주민이 육지로 이사를 가 버렸단다. 그 후 가끔 관료가 상황을 조사하기는 했지만, 울릉도는 무인도처럼 변해갔어.

이 사건으로 울릉도는 황폐해졌어. 그 후 고려 조정에는 많은 사건이 일어났어. 정치도 어수선했지. 그러니 울릉도와 독도를 관리하는 것은 사실상 불가능했어. 물론 중간마다 조정이 관리를 파견해 울릉도의 상황을 조사하기는 했어. 하지만 울릉도로 주민을 돌려보내는 정책은 시행하지 못했단다.

1231년.

이번엔 몽골 군대가 고려를 침략했어. 고려 조정은 불교의 힘을 빌려 몽골을 쫓아내기로 하고, 팔만대장경(고려대장경)을 만들기 시작했어. 목재가 필요하겠지? 조정은 백성을 울릉도로 보내 나무를 캐게 했어. 하지만 이마저도 곧 중단되고 말았어. 바닷길이 워낙 험한 데다가 살기가 아주 팍팍했거든. 울릉도의 운명은 곧 독도의 운명이야. 울릉도가 이처럼 천대받으면 독도 천대받을 수밖에 없어.

고려가 몽골의 간접 지배를 받으면서부터 다시 울릉도에 사람을 이주시켰어. 몽골에 바칠 목재를 채취하기 위해서였어. 울릉도 주민은 이중삼중의 노동에 시달려야 했지. 많은 사람이 섬을 탈출해 본토로 도망쳤단다.

고려 말기로 접어들면서 일본 해적인 왜구들이 들끓기 시작했어. 왜구는 울릉도를 수시로 공격했어. 울릉도 주민이 못 살겠다고 아우성을 치니 조정이라고 별수 있겠니? 이때부터 울릉도 주민을 본토로 이주시켰어. 섬을 비워 놓으면 왜구의 약탈도 줄어들 거로 생각한 거야. 이 정책은 조선 시대에도 이어졌어. 울릉도가 무인도로 변하고 있는 거야.

1417년. 조선의 3대 국왕 태종이 중대 발표를 했어.

"울릉도와 독도에 주민을 두면 왜구가 다시 들끓을 것이오. 왜구가 울릉도를 장악하면 강원도로 침략할 수도 있소. 또한, 두 지역은 너무 멀어

세금을 제대로 걷을 수도 없소이다. 허니 울릉도의 주민을 모두 본토로 이주하게 하시오. 그 섬은 비울 것이외다."

이렇게 해서 시작된 게 '쇄환'정책이야. 울릉도의 주민을 본토로 이주시키는 정책이지. 태종은 왜 이 쇄환정책을 꺼낸 걸까?

첫째, 왜구를 막기 위해서야. 섬에 주민이 있으면 왜구가 약탈하겠지? 하지만 섬이 텅 비어 있다면? 약탈할 상대가 없어서 왜구가 울릉도에 갈

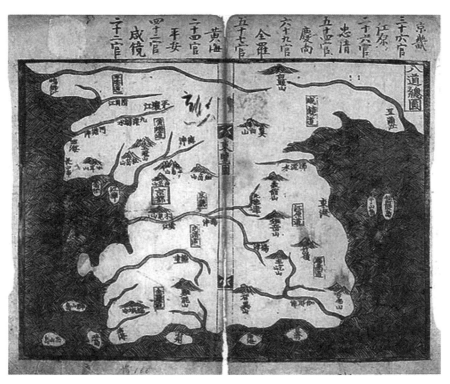

1530년에 조선에서 발행된 〈팔도총도〉에 울릉도가 표시돼 있다. 쇄환정책으로 울릉도는 잊히기 시작했다.

이유가 없을 거야.

둘째, 다른 지역, 특히 북쪽 국경 지대에 턱없이 인구가 부족했어. 그쪽을 더 신경 써야 했지. 이게 무슨 관계가 있냐고? 오늘날 한반도의 북쪽 국경은 압록강~두만강이야. 하지만 조선 초기만 해도 국경선은 그보다 더 아래쪽이었어. 영토를 북쪽으로 더 밀고 올라가려면 그 일대에 많은 고을을 만들어야 해. 백성은 농사를 짓다가 전투가 발생하면 병사가 돼서 싸웠어.

아직도 조선은 건국 초기였어. 그러니 더 중요한 곳에 더 많은 자원을 투입한다는 태종의 결정이 꼭 틀린 것만은 아니야. 울릉도보다는 북방 지역이 훨씬 중요하잖아? 그래도 쇄환정책을 우려하는 대신들이 적지 않았어. 대신들이 걱정하며 고했어.

"하오나 전하. 그래도 섬을 완전히 비워놓으면 왜구들이 차지하려 달려들까 두렵습니다. 울릉도와 부속도서가 우리 영토임을 확실히 해 놓으심이 옳은 줄 아뢰옵니다."

태종이 고개를 끄덕였어.

"대신들은 들으시오. 쇄환정책은 부득이한 결정이오. 결코, 우리의 영토를 포기하겠다는 게 아니오. 조정이 울릉도와 독도를 버리지 않았음을 후세 사람들도 알 수 있도록 정기적으로 관리를 파견해 순찰하도록 하시오. 순찰하는 관리는 조선을 대표해 우리 영토를 수호한다는 막중한 책임을 잊지 않도록 하시오."

여기서 잠깐! 하나 알아둘 게 있어. 이 쇄환정책을 때로는 공도정책이라 불러. '공도'는 섬을 비운다는 뜻이야. 한자어를 풀이하자면 이 말이 틀린 것은 아니야. 문제는, 이 용어를 일본 학자들이 만들었다는 데 있어. 그들은 이 용어를 쓰면서 "섬을 비운 것은 결국 섬을 버린 게 아니냐?"고 주장했어.

하지만 쇄환정책은 왜구의 침략을 막고 북방을 튼튼하게 하려는 전략이었어. 정기적으로 사람을 보내 관리하도록 했다는 점을 잊지 마. 우리 영토가 아니라면, 그 섬들을 버릴 생각이었다면, 굳이 그런 수고를 할 이유가 없잖아? 그러니 공도 정책이란 말은 가급적 쓰지 않는 게 좋겠지?

어쨌든 쇄환정책은 꽤 큰 부작용을 남겼어. 울릉도와 독도는 어느새 기억 속에서 사라지게 됐어. 쇄환정책이 시행된 후 안용복의 쾌거가 있기 전까지 300여 년간 울릉도와 독도는 우리 역사에서 찾아볼 수 없었단다.

지증왕

신라의 22대 왕. 재위 기간은 500~514년이다. 중국의 제도를 받아들여 대대적인 개혁을 함으로써 신라 발전의 초석을 깐 왕이다. 원래 서라벌이었던 나라 이름을 신라로 바꾸고, 마립간이란 지배자의 호칭을 왕으로 바꾸었다. 행정구역도 정비해 전국을 주와 군, 현으로 나누었다. 소를 이용한 농법인 우경을 본격적으로 장려하기 시작한 것도 지증왕의 업적이다. 이사부 장군을 시켜 울릉도(우산국)를 정복하도록 한 것도 지증왕이다. 지증왕의 뒤를 이어 법흥왕과 진흥왕 시대에 신라는 최고 전성기를 맞았다.

이익과 〈성호사설〉

조선 후기의 실학자로, 농업 개혁을 주장한 중농학파의 거물이다. 실학은 크게 중농학파와, 상공업의 육성을 주장한 중상학파로 나눈다. 이익을 비롯해 중농학파 실학자들은 주로 재야 정치인들이었으며 붕당으로는 남인에 속했다. 이익은 부농민들을 보호하기 위해 일정 부분의 토지는 못 팔게 함으로써 양반들이 무제한으로 농지를 소유하는 것을 제한하는 한전제를 주장했다. 이와 함께 평민뿐 아니라 양반들도 농사를 지어야 한다고 주장했다. 적자와 서자의 차별을 없애고 노비 제도를 폐지해야 한다는 주장도 했다. 〈성호사설〉은 그의 가족들이 호(성호)를 따서 만든 것으로, 일종의 백과사전에 해당한다. 그는 이 〈성호사설〉에서 서양의 과학 기술이 우수하여서 적극 받아들여야 한다고 주장하기도 했다. 후학들에게 이 〈성호사설〉은 실학의 교본으로 받아들여졌다.

개념정리 알찬복습

막부: 중세 시절, 일본의 군사정권을 가리키는 말. 일본어로는 바쿠후라고 한다. 에도 막부가 최후의 막부다.

다케시마: 오늘날 독도를 가리키는 일본어. 원래는 울릉도를 다케시마라 불렀었다. 대나무가 많은 섬이란 뜻이다.

도해 면허: 일본 에도 막부가 자국의 어선에 발급한 것으로, 외국 바다에서 조업할 수 있는 일회용 면허를 말한다. 이 면허가 있어야 울릉도 근해에 와서 조업할 수 있었다.

서계: 조선과 일본 정부 사이에 주고받은 국가 문서.

노론과 소론: 조선 중기 이후에 만들어진 붕당이다. 서인 붕당에서 두 붕당으로 쪼개졌다.

복속: 큰 나라의 직접 지배를 받지 않는 대신, 큰 나라를 왕의 나라(상국)로 모시고 큰 나라의 지시대로 통치하는 것을 말한다. 영토는 빼앗기지 않았지만 내정 간섭을 피할 수는 없다.

쇄환정책: 조선 초기에 울릉도의 주민을 본토로 이주시킨 정책. 울릉도와 독도에 왜구가 상륙하는 것을 막고, 북방 지역에 인구를 이주시켜 개발하려는 목적에서 취해진 조치다.

4장

독도,
아는 만큼
소중해진다

도와주세요

조선 시대 때까지 울릉도와 독도가 우리 영토였다는 사실을 이제 확실히 알았어요. 그런데 신문이나 방송을 보면 또 다른 이야기가 나와요. 국제법상 독도가 주인이 없는 땅이 됐고, 일본이 그 땅을 가졌고, 법으로 선포까지 했고…. 이 말이 사실인가요? 에이, 아니죠? 그렇다면 일본이 금방 탄로 날 거짓말을 마구 떠드는 거예요? 그것도 이상하잖아요? 국제 관계를 모르진 않을 텐데, 다른 나라의 시선도 있잖아요. 진실을 가르쳐 주세요. 네요

통박사의 어드바이스

국제 정치라는 것은 아주 복잡해. 각국의 의견이 모두 반영될 것 같지만, 실제로는 그렇지 않아. 미국을 비롯한 강대국의 입김이 많이, 그것도 아주 많이 작용해. 힘이 없는 나라는 국제 관계에서도 영향력이 작을 수밖에 없어. 독도에 관해서도 마찬가지야. 네가 어디서 들은 대로 일본은 "주인이 없는 영토는 먼저 취하는 나라의 것이 된다는 국제법에 따라 독도를 취득했다. 그러니 독도는 일본 땅이당"라고 주장하고 있어. 20세기 초반, 대한제국은 "독도가 대한제국의 땅이당"라고 분명히 선포했어. 하지만 제국주의 일본은 우리를 무시했어. 이런저런 억지를 부리며 기어이 독도를 일본 영토에 편입시켜 버렸지. 우리가 더 강했더라면…. 독도를 지키려는 우리 선조들의 노력을 절대 잊어서는 안 돼.

 울릉도에 다시 사람 살다

언젠가 우리나라의 초등학생 7900여 명을 상대로 "왜 한국과 일본은 독도 문제로 갈등을 벌이는가?"를 물었어. 절반에 가까운 46.9%가 "지하자원과 수산자원이 풍부하기 때문에"라고 답했단다. 틀린 대답은 아니야.

하지만 21.5%, 그러니까 10명 중 2명 이상은 "이유를 모르겠다"거나 "관심 없다"고 대답했단다. 게다가 10% 정도는 "일본과 똑같이 독도를 나눠 갖자"고 했어. 전쟁해서 이기는 쪽이 독도를 갖자는 황당한 생각을 하는 초등학생들도 있었지.

또 다른 조사가 있었어. 독도가 어느 바다에 있느냐를 묻는 말이었어. 당연히 동해안에 있지! 하지만 13.2%, 그러니까 10명 중 1명 이상이 "황해에 있다"거나 "남해에 있다", "모르겠다"고 답했단다.

바로 이 부분이 걱정되는 대목이야. 우리가 바짝 정신을 차려야 하는데, 정작 독도에 대해 제대로 알지 못하는 학생들이 있다니…. 이제부터라도 독도가 어떤 섬인지, 왜 중요한지도 알아둬야 해. 적을 알고 나를 알면 백 번 싸워 백 번 이긴다는 말도 있잖아?

지금부터 안용복 쾌거 이후부터 해방 이후, 현재까지의 독도 역사를 살펴볼 거야. 현대 역사가 많이 나와 조금은 복잡할 수도 있어. 하지만 아주 중요한 부분이니, 몇 번씩 반복해 읽어서라도 이해하는 게 좋을 거야. 아는 만큼 독도는 더욱 소중해진단다.

조선 조정은 그 후 어떻게 변했을까? 일단 울릉도를 더욱 철저하게 관리하기로 한 점은 달라진 모습이야. 여전히 어민들이 울릉도로 가는 것을 단속하기는 했지만, 그전보다 관리의 강도를 높여 섬을 살폈어. 일본 어민이 보이면 즉각 체포해 일본으로 돌려보냈지.

이때의 정책을 '수토'정책이라고 해. 조선 전기의 쇄환정책과 비슷하지만, 관리의 강도는 강해졌어. 섬을 순찰하는 관리도 뒀는데, 수토관이라고 불렀어. 조정의 노력 덕분에 울릉도와 독도를 놓고 일본과 충돌하는 일은 당분간 없었어.

1881년. 고종이 조선을 통치한 지 18년 되던 해였어. 안용복의 쾌거가 있은 후로 약 200여 년이 흘렀지. 울릉도에 가 있던 수토관에게서 긴급 보고가 들어왔어.

"일본인들이 다시 울릉도를 드나들고 있습니다. 조치가 필요할 것으로 사료됩니다."

조정은 이 사건을 심각하게 받아들였어. 즉시 조사에 들어갔지. 그 결과 이미 몇십 년 전부터 일본인들이 울릉도 주변에 출몰했다는 사실을 밝혀냈어. 조선 조정은 일본에 정식으로 항의하는 서계를 보냈어. 서계는 조선과 일본 정부가 주고받은 정식 편지라고 했지?

조정에서는 연일 대신들이 회의했어. 일본에 항의하는 것만으로는 이 사태를 해결할 수 없다는 걸 대신들도 잘 알고 있었던 거야.

"이참에 그동안의 수토정책을 전면 폐기해야 합니다. 이제 울릉도와 부속

도서들을 본격적으로 관리해야 합니다."

"그 말이 맞습니다. 일본 정부가 제대로 일본 어민을 단속하거나 하겠습니까? 설령 그렇게 한다고 해도 일본 어민들은 계속 울릉도 주변에서 조업 활동을 할 겁니다. 어물쩍 넘어가선 안 됩니다."

국왕인 고종의 생각도 다르지 않았어. 대신들의 이야기를 묵묵히 듣던 고종이 강한 어조로 말했어.

"대신들은 들으시오. 당장 관리를 울릉도에 파견해 얼마나 많은 조선인이 그곳에 살고 있는지 파악하도록 하시오. 또한, 울릉도의 자연 상태가 어떤지, 개척이 가능한지도 꼼꼼히 살피라 이르시오."

이듬해인 1882년. 무신 출신의 이규원이 울릉도에 파견됐어. 그는 울릉도 전역을 돌아다니며 사소한 것까지 모두 조사한 뒤 조정으로 돌아와 왕에게 보고했어.

"전하. 이미 울릉도에는 적지 않은 조선 백성이 살고 있었나이다. 그들 또한 전하의 백성이기에 보호해야 할 것으로 사료되옵니다. 울릉도의 토지는 꽤 비옥했습니다. 아직 사람의 손길이 닿지 않은 곳이 많지만, 개척만 한다면 훌륭한 농지가 될 것으로 보입니다."

이규원의 보고 결과가 긍정적이자 수토정책을 폐지해야 한다는 대신들이 더욱 많아졌어. 고종의 생각도 크게 다르지 않았어.

1883년. 조정이 본격적으로 울릉도로 백성을 이주시키기 시작했어. 그래, 수토정책이 사실상 폐기된 거야. 많은 사람이 울릉도로 떠나기를 희망했어.

점점 울릉도 주민이 많아졌지.

1885년. 조정이 마침내 수토정책을 완전히 폐기한다고 선언했어. 200여 년 만에 울릉도에 대한 정책이 바뀐 거야.

조정은 그 대신 '도감' 제도를 시행했어. 울릉도 주민 가운데 도감을 뽑아서 그 지역을 관리하게 했어. 이제 울

1882년에 제작된 일본 지도에는 독도가 조선 땅으로 표시되어 있다.

릉도와 부속 도서에 대해 본격 관리가 시작된 셈이야. 하지만 좀 더 확실하게 해 둘 필요가 있다고 고종은 생각했어. 어떻게 하면 울릉도와 부속 도서에 일본인들이 얼씬하지 못하게 할 수 있을까?

바로 그 무렵 큰 사건이 터졌어. 일본 깡패들이 조선의 국모, 즉 왕비(명성황후)를 시해한 거야. 1895년 터진 이 사건이 '을미사변'이지. 1896년 고종은 러시아 공사관으로 피신했어. (이 사건은 '아관파천'이라고 해.)

고종은 1년 정도를 러시아 공사관에서 살았어. 백성은 왕이 궁궐로 돌

아오기를 학수고대했어. 1897년 2월 20일, 백성의 뜻에 따라 고종이 굳게 마음을 먹고 궁궐로 귀환했어.

고종은 일본이나 중국에 휘둘리지 않는 나라를 염원했어. 대신들의 뜻도 다르지 않았어. 마침내 강력한 제국을 세우기로 했어. 그 결실이 맺어졌어. 그해 10월 12일, 고종은 대한제국의 수립을 선포했어. 황제 즉위식이 열리는 날, 고종은 하늘을 올려다보며 비장하게 외쳤어.

"하늘이시여. 이 땅을 돌보는 신들이시여. 대한제국의 탄생을 선포하나이다. 전 세계 국가들이여. 대한제국이 자주국임을 선포하나이다."

대한제국이 탄생했지만, 일본은 집요하게 협박했어. 일본은 한반도를 식민지로 만들기 위한 전략을 짜 놓고, 여러 조약을 강요했어. 대한제국은 탄생하자마자 위기를 맞았어. 그래도 고종 황제는 침착하게 대응하려고 노력했어. 울릉도-독도 문제에 대해서도 신속하게 조처를 했지.

1900년 10월 25일.

고종 황제가 대한제국 칙령 제41호를 반포했어. 이 칙령은 상당히 큰 의미가 있어. 이 칙령을 통해 울릉도와 독도가 대한제국의 영토라는 사실을 정부가 공식적으로 밝혔기 때문이야. 내용을 들여다볼까?

"제1조, 울릉도의 이름을 울도라 바꾸고 강원도의 군으로 삼는다. 이에 따라 울릉도 도감을 군수로 승격한다." "제2조, 울도군이 관할하는 영역은 울릉전도와 죽도, 석도로 정한다."

제2조를 보면 어디까지가 우리 영토인지 알 수 있어. 제2조를 좀 쉽게 풀어볼까?

첫째, 울릉전도는 울릉도와 그에 딸린 작은 섬들을 말하는 거야. 울릉도 주변에는 40개가 넘는 작은 섬들이 있어. 사람들이 실제로 사는 섬도 4개 정도가 있지.

둘째, 죽도는 울릉도에 딸린 작은 섬 중 가장 큰 섬의 이름이야. 울릉도 동북쪽에 있어. 이 섬에 대나무가 많아서 대나무섬, 대섬이라고도 불러.

셋째, 석도는 독도를 가리키는 말이야. 석도를 한자로 쓰면 '石島'가 돼. '돌섬'이란 뜻이지. 울릉도 사람들은 이 돌섬을 종종 '독섬'이라 불렀어. 이 독섬이란 단어에서 독도가 나왔다는 해석도 있지. 사실 독도는 이 밖에도 많은 이름을 가지고 있어. 봉우리가 3개라 해서 '삼봉도', 우산국의 섬이었다고 해서 '우산도'로도 불린단다. 참고로 알아두렴.

칙령 제41호를 통해 울릉도뿐 아니라 독도까지 우리 영토란 사실이 명확해졌어. 이제 근거를 남겨야 해. 어떻게? '관보'에 실으면 돼. 관보는 국민에게 알려야 할 사항을 따로 모아 발행하는 정부의 기관지야. 관보에 실리면

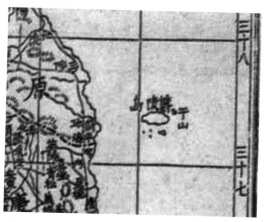

1899년 대한제국 시절의 독도가 표시된 지도이다.

만천하에 이 사실을 발표하는 것과 같은 효과를 내. 오늘날 대한민국 정부
도 당연히 관보를 발행하고 있지.

고종 황제는 칙령 제41호를 관보에 싣도록 했어. 이에 따라 이 칙령은 이
틀 후인 10월 27일자 관보 제1716호에 실렸어. 이로써 독도가 우리나라
영토란 사실을 확실하게 매듭지었어. 요즘도 매년 10월 25일이 되면 이 칙
령 제정을 기념하기 위해 '독도의 날' 행사를 연단다.

🙂 일본, 독도 강탈을 꾀하다

1904년 1월 23일.

고종 황제의 표정이 심상찮아. 대신들도 숨을 죽였어. 곧 황제의 입이 열
렸어.

"일본과 러시아 사이에 전쟁이 터지면 대한제국은 어느 쪽도 지지하지
않는다. 대한제국은 중립을 선언한다."

이 무렵 우리 역사는 매우 급하게 돌아가고 있었어. 한반도 지배권을 놓
고 러시아와 일본이 막 전쟁이라도 벌일 기세였어. 전쟁에 휘말리면 얻는
것보다 잃는 게 많겠지? 그래서 고종 황제가 발 빠르게 중립을 선언한 거야.

정말로 전쟁이 터졌어. 2월 9일, 일본 함대가 요동 지방의 뤼순 항구에 정
박해 있는 러시아 함대를 공격했어. 이렇게 해서 시작된 게 '러일전쟁'이야.

대한제국은 중립을 선언했으니 별 탈이 없었을까? 아니야. 일본은 뤼순을 치기 하루 전인 2월 8일, 인천에 상륙해 서울로 진격했어. 이윽고 고종 황제가 있는 궁궐을 접수했어. 도대체 무슨 꿍꿍이일까?

일본은 대한제국을 협박해 '한일의정서'란 것에 서명하도록 했어. 그래, 바로 이 목적 때문에 일본 부대가 서울로 쳐들어갔던 거야. 한일의정서에는 어떤 내용이 담겨 있었을까?

"한국이 다른 나라로부터 침략의 위협을 당하면 일본이 보호한다. 군사 작전을 수행하는 데 필요하다고 판단되면 일본은 언제든지 한반도의 아무 지역이나 빌려 쓸 수 있다. 대한제국은 일본의 요청이 있으면 즉시 협조한다."

기가 막힐 노릇이야. 빙빙 돌려서 말했을 뿐 실제로는 한반도를 통째로 삼키겠다는 거잖아? 이 한일의정서에 따라 일본은 철도를 개설하고, 토지를 개간할 수 있는 권리를 챙겼어. 전국의 통신망도 일본이 장악했지.

러일전쟁은 해를 넘겨서도 계속됐어. 육지에서는 대체로 일본이 우세했어. 하지만 바다에서는 그렇지 않았어. 러시아 함대가 워낙 강했기 때문이야. 일본은 러시아 함대에 맞설 방법을 찾아야 했어. 일본 군부의 우두머리들이 모여 회의를 했어.

"동해안에 기지를 만들어야 합니다. 그래야 러시아 함대의 움직임을 항상 감시할 수 있습니다."

"같은 생각이오. 허면 동해안의 어느 지역이 좋겠소?"

"울릉도와 독도가 제격입니다. 일본 본토와 두 지역을 통신망으로 연결하는 것은 그리 어렵지 않습니다. 그곳에 감시탑을 세우도록 합시다."

"하지만 울릉도와 독도는 대한제국의 땅이 아니오?"

"물론 그렇지만 방법이 없는 것은 아닙니다. 울릉도에는 대한제국 사람들이 거주하고 있으니 어쩔 수 없다고 해도 독도는 사람이 살고 있지 않은 돌섬일 뿐입니다. 충분히 빼앗을 수 있습니다."

"그래도 대한제국 정부가 반발하지 않겠소?"

"국제법상 '주인이 없는 땅은 먼저 취하는 나라가 영토로 삼을 수 있다'는 조항이 있습니다. 그 논리를 들이대면 대한제국 정부도 맞서지 못할 겁니다."

참으로 철면피들이야. 일본은 '독도 빼앗기' 프로젝트를 진행하면서도 아무런 죄책감을 느끼지 않았어. 1905년 2월 22일 일본은 '시마네 현 고시 40호'를 만들었어.

"북위 37도 9분 30초, 동경 131도 55분 위치에 있는 섬을 다케시마(죽도)라 부른다. 이 다케시마는 시마네 현에서 관리한다.'

이럴 수가! 일본은 대한제국의 영토를, 자기들 마음대로 자국 영토에 포함해 버렸어. 대한제국에도 이 사실을 알리지 않았단다. 대한제국은 을사늑약을 강제로 체결해 외교권을 박탈하고 통감부를 설치한 1906년에 가서야 이 사실을 알게 됐어. 어처구니가 없지? 당연히 대한제국의 백성들은 분노했어. 하지만 일본은 눈도 깜짝하지 않았어.

"조선 백성들이 뭐라 그러든 이미 다케시마는 일본의 영토가 됐다. 주인이 없는 섬을 일본이 먼저 영토로 삼았는데 뭐가 문제냐? 국제법상 아무런 하자가 없다. 그러니 더는 저항하지 마라."

허참, 어이가 없어. 막무가내로 독도를 빼앗아놓고 국제법 운운하다니. 정말로 일본의 주장이 맞는 것일까?

뭔가 부당한 일을 하는 사람은 조바심을 내게 돼 있어. 정직하지 않으니 이런저런 변명을 하기 마련이야. 일본이 딱 그런 경우야. 독도에 주인이 없다니! 일본은 독도가 대한제국의 영토란 사실을 충분히 인지하고 있었어.

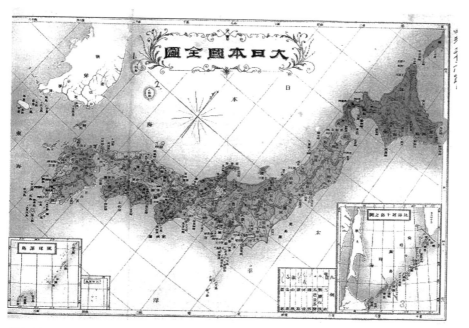

일본강점기 시절 일본이 제작한 일본 전도로 독도를 일본 땅으로 표시했다.

좋아, 백번 양보해서 일본의 주장을 무시하지 말고 들어보기로 하자고. 그런 다음에 그들의 주장을 조목조목 비판할 거야. 일본은 주인이 없는 섬을 정당하게 차지한 것일까? 아니야. 일본의 주장에는 허점이 많아. 다만 대한제국이 힘이 없으니 억지 논리를 강요하고 있었던 거야.

첫째, 일본은 독도를 주인이 없는 섬이라 했지만, 사실이 아니야. 대한제국 정부는 5년 전인 1900년 10월 25일, 칙령 41호를 통해 독도가 우리 영토임을 명백히 밝혔어. 이미 알고 있는 내용이지?

둘째, 일본은 독도를 영토에 포함시키면서 편법으로 절차를 진행했어. 대한제국 정부가 칙령을 공표하며 관보에 게재했지? 일본에서도 비슷한 절차를 따르게 돼 있어. 일본에서는 보통 신문에도 공개하는데, 어느 신문에도 그런 내용을 찾아볼 수 없어. 시마네 현 고시가 통과된 1905년 2월 22일의 시마네 현 법령집에도 이 내용이 보이지 않아. 정상적인 절차를 밟지 않았다는 얘기가 되지.

셋째, 정말로 법이 만들어진 게 맞는가 하는 의심도 들어. 원본에는 고시란 표현 대신 '회람'이라고 적혀 있대. 회람은 관련된 사람들끼리 돌려본다는 뜻이야. 그렇다면 이 시마네 현 고시는 당시 이 업무에 관련된 사람들이 업무에 참고하려고 만든 문서이지, 법이 아니란 해석이 가능해.

넷째, 주인이 없는 땅을 먼저 차지한다고 해도 국제법상 따라야 할 조치가 있어. 주인이 없는 영토를 발견해 점령한 후에는 그 사실을 국내외에 알려야 한단다. 하지만 일본은 그런 절차를 이행하지 않았어. 한참 후에야 우리 정부에 그 사실을 알렸지? 독도를 일본 영토에 포함시킨 사실을 숨겼다는 뜻이야. 그러니 국제법상으로도 일본의 조치는 타당하지 않아.

다섯째, 사실 일본 정부도 독도가 대한제국의 영토임을 인정하고 있었어. 다만 일본 군부 세력은 그 점을 무시하고 독도를 강탈했어.

누가 봐도 일본이 독도를 강탈했다는 증거가 많지? 하지만 대한제국은 더는 따질 수 없었어. 강제로 일제에 병합돼 버렸잖아? 그러니 독도 논쟁이 무의미해졌어. 해방을 맞는 그날까지 독도는 우리 민족의 비참한 현실을 상징하듯 그대로 방치됐단다.

해방됐으나 독도 문제 해결 못하다

1945년 8월 15일.

우리 민족은 꿈에도 그리던 해방을 얻었어. 하지만 자유민주주의와 공산주의의 이념 갈등 때문에 한반도는 한동안 혼란스러웠어.

그래도 1948년에는 마침내 우리 손으로 대한민국 정부를 세웠어. 다만 이 과정에서 국토가 분단된 것은 정말 안타까운 일이야. 더 마음이 아픈 것은, 같은 민족끼리 총을 겨눴다는 데 있어. 1950년 6·25 전쟁이 터지면서 한반도는 쑥대밭이 돼 버렸어.

일제로부터 해방되면서 우리 민족은 독립 국가를 건설하겠다는 꿈에 부

풀어 있었어. 하지만 전쟁은 그 모든 꿈을 앗아가 버렸어. 반대로 일본은 6·25 전쟁을 기회로 되살아났단다. 연합군이 한국에서 쓸 군수물자를 일본에서 생산했기 때문이야. 이때 경제 발전의 기초를 다져놓은 덕에 일본은 훗날 세계 경제 대국이 될 수 있었지.

다시 해방 무렵으로 돌아가서….

1945년 9월. 미국 전함 미주리호에서 일본 왕이 항복 문서에 서명했어. 공식적으로 일본이 패망했음을 확인하는 순간이야. 이 서명을 받아낸 인물은 미국의 극동군 사령관 더글러스 맥아더였어.

맥아더의 군대는 곧 일본을 점령했어. 맥아더는 군정사령부를 설치하고 사령관에 취임했어. '군정'은 군대가 통치한다는 뜻이야. 일본이 어느 정도 자리를 잡을 때까지 맥아더 군대가 실제 정부처럼 일본을 통치한다는 얘기지. 미국은 한국에서도 군정을 실시했어. 한국에서는 맥아더의 대리인인 하지가 군정사령관을 맡았단다.

맥아더는 영토를 조정하는 임무도 맡았어. 이때 맥아더의 골치를 아프게 했던 게 독도 문제야. 한국과 일본 모두 독도가 자기들 땅이라고 하니 맥아더도 머리가 아팠겠지? 맥아더는 어떤 결론을 내렸을까? 그의 생각은 '맥아더 라인'에 잘 드러나 있어.

1945년 9월 27일.

맥아더는 일본 어선들이 조업할 수 있는 영역을 정한 '각서 제80호'를 반포했어. 그 영역을 쭉 선으로 이어놓은 게 바로 맥아더 라인이야. 이 라인에 따르면 독도는 일본 어선의 조업 영역 밖에 있었어. 그래, 맥아더는 독도가 한국 땅이라고 생각했던 거야.

제2차 세계대전에서 독일, 일본과 싸운 나라들을 연합국이라 불러. 미국 이나 영국 군대도 '연합국최고사령부'의 지시를 받았어. 이 연합국최고사령 부는 독도 문제를 어떻게 보고 있었는지도 중요하겠지?

제2차 세계대전 후 독도 문제와 관련하여 맥아더가 본국에 보 낸 전보이다.

1945년 11월. 연합국최고사령부는 일본의 영토를 '본토와 인접해 있는 1천여 개의 섬들'이라고 규정했어. 애매하지? 좀 더 명확하게 할 필요가 있겠지? 1946년 1월 29일. 연합국최고사령부는 '훈령(SCAPIN) 677호'를 맥아더 사령관에게 전달했어. 그 내용을 좀 볼까?

"한국은 일본에서 분리한다. 울릉도와 제주도, 그리고 리앙쿠르 암초는 일본 영토에서 제외한다." (서양에서는 독도를 '리앙쿠르 암초'라고 불렀단다.)

연합국의 생각도 맥아더와 다르지 않았지? 같은 해 연합국최고사령부가 지도를 펴냈는데, 그 지도에도 독도는 한국의 영토로 표기돼 있었어.

이어 6월 22일. 연합국최고사령부는 '훈령 1033호'를 다시 냈어. 이 훈령에서는 맥아더 라인을 인정했어. 일본 선박이 독도 주변에 얼씬도 하지 말라고 했단다. 훈령 1033호의 내용을 살펴볼까?

"일본의 선박과 선원은 독도의 12해리 이내에 접근할 수 없다. 이 섬에 대해 어떤 접근도 허용하지 않는다."

일본 군정사령관인 맥아더뿐 아니라 연합국최고사령부까지 독도를 한국 땅이라고 인정하고 있지? 그래, 전 세계가 독도를 한국 땅이라고 보고 있었던 거야. 만약 이 결정이 끝까지 유지됐다면 오늘날 일본이 독도를 자기들 땅이라고 절대 우기지 못했을 거야. 안타깝게도 연합국최고사령부의 입장이 뒤로 갈수록 오락가락했단다.

전쟁을 완전히 끝내고 평화를 유지하기 위해 보통 '강화조약'을 체결해. 일본은 연합국에 대해 이 강화조약을 체결해야 했어. 강화조약에 어떤 내용을 담을까를 연합국이 고민하기 시작했어.

맨 먼저 강화조약 초안을 만든 나라는 미국이야. 미국이 만든 5차 초안까지만 해도 독도는 한국에 포함돼 있었어. 하지만 1949년 12월에 나온 6차 초안에서는 독도를 일본 영토로 하자는 내용이 들어 있었단다. 미국의 입장이 오락가락한 거야.

미국은 독도 문제가 너무 복잡하다고 생각했나 봐. 7차 초안에서는 독도 문제를 아예 빼버렸어. 그 후 영국의 초안이 나왔고, 다음에는 미국과 영국이 합의한 초안이 나왔어. 이 초안을 바탕으로 연합국의 최종안이 나왔단다.

"일본은 제주도, 울릉도, 거문도를 포함해 한국에 대한 모든 권리를 포기한다!"

어? 최종안에는 독도에 대한 언급이 전혀 없어! 1951년 9월 8일 미국 샌프란시스코에서 연합국과 일본의 강화조약에 마침내 체결됐어. 연합국도 독도 문제를 결국에는 해결하지 못한 거야.

독도의용수비대 탄생

1952년 1월 18일.

6·25 전쟁이 한창이었어. 공산군과 싸우는 데도 벅찬 마당인데, 대한민

국의 이승만 대통령이 중대 발표를 했어. 한반도 인접 해양은 한반도의 것이라는 선언이었지. 이 선언을 '인접 해양 주권에 대한 대통령 선언'이라고 불러.

"독도는 한국의 영토다. 따라서 독도 주변 12해리는 대한민국의 영해다. 독도를 포함해 대한민국 해안으로부터 평균 60마일까지를 평화선으로 정한다. 대한민국은 평화선 이내의 모든 수산자원과 광물자원을 감독하고 보호한다."

맥아더 라인처럼 이 선언을 할 때도 경계선을 정해놨어. 이 선을 '평화선'이라고 하지. 대통령의 성을 따서 '이 라인'이라고 한단다. 이 선언이 나오자 당연히 일본이 반발했어. 하지만 우리 한국으로서는 당연한 권리야.

생각해 봐. 그전에는 맥아더 라인이 어느 정도 한국과 일본의 바다 경계 역할을 했어. 하지만 미국 샌프란시스코에서 강화조약을 체결하면서 맥아더 라인은 철폐됐어. 한국과 일본의 바다 경계가 사라진 셈이지.

또한, 한국은 6·25 전쟁을 치르느라 정신이 없었어. 반면 일본은 이 전쟁 덕분에 경제가 살아나고 있었어. 어업 분야에서도 마찬가지였어. 한국의 어업은 바닥을 기는데, 일본은 나날이 발전하고 있었어. 그 밖의 해양 자원도 그대로 두면 일본이 모두 독차지할 기세였어. 그러니 우리 정부로서는 이 조처를 할 수밖에 없었던 거야.

선언이 나오고 열흘이 지난 1월 28일, 일본 정부가 반박 공문을 우리 정부에 보냈어. 이 각서에서 일본 정부는 본격적으로 독도 영유권을 주장하기 시작했어.

"독도 영유권은 일본에 있다. 한국 정부는 선언을 즉각 철회하라."

한국 정부도 가만히 있지 않았어. 2월 12일, 일본 정부의 반박 공문에 대한 반박 공문을 다시 보냈어.

"일본 정부의 주장은 받아들일 수 없다. 독도 영유권은 한국에 있음을 다시 선포한다."

그 후 두 나라 정부는 반박 공문을 서로 보내면서 치열하게 싸우기 시작했어. 독도를 두고 갈등이 다시 본격화한 거야.

1953년 7월.

여전히 한국과 일본 정부가 서로 항의 공문을 보내며 대립하고 있었어. 대한민국의 외무부 장관이 성명을 발표했어. 그 내용을 풀어보면 다음과 같아.

"독도는 일본의 한국 침략 과정에서 희생된 최초의 영토다. 독도는 해방과 함께 우리 품으로 돌아왔다. 이제 독도는 독립과 해방의 상징이 됐다. 독도는 단순한 바위 덩어리가 아니며 우리 겨레의 영예의 닻이다. 독도를 잃는다면 독립을 지킬 수 있겠는가! 일본이 독도를 빼앗으려 하는 행위는 다시 한국을 침략하겠다는 의미다. 독도에 손대지 마라. 그러려면 한국인의 강한 저항을 각오하라!"

어때? 비장한 느낌이 들지? 이어 대한민국 국회도 결의문을 채택했어. 행정구역상 독도의 상급 자치단체인 경상북도 의회 또한 일본을 규탄하는 성명과 우리 정부가 강력하게 대응하라는 건의서를 발표하기도 했지.

이처럼 두 나라의 정부와 정치인들이 성명을 발표하고, 서로에게 항의 공문을 보내는 와중에 '행동'으로 보여주는 사람들이 있었어. 바로 '독도의용수비대'야.

1953년 4월 20일.

울릉도 청년들을 태운 선박이 독도에 상륙했어. 그들은 즉시 대형 천막과 국기 게양대를 설치했어. 모두 비장한 표정이었지. 청년 대부분은 6·25 전쟁에 참전한 군인 출신이었어. 이들이 누구인지 아니? 그래, 이 사람들이 바로 독도의용수비대란다.

아직 6·25 전쟁이 끝나기 전이었어. 한국은 아주 어수선했지. 그 틈을 타서 일본이 수시로 독도를 노렸어. 여러 차례 독도에 불법 상륙하기도 했단다.

6·25 전쟁이 일어나기 전 독도에서 미군이 폭격 훈련을 한 적이 있어. 그때 여러 명의 한국 어부가 목숨을 잃었어. 독도에는 그들의 영혼을 달래는 비석을 세웠어. 일본인들은 이 위령 비석마저 파괴하고 '시마네 현 다케시마'라는 표지판을 세우기도 했단다.

울릉도의 주민들은 일본의 불법 행위를 더 참을 수 없었어. 6·25 전쟁에 참전했다가 부상으로 전역한 홍순칠이 주축이 돼 총 45명으로 독도의용수비대를 결성했어. 나중에 몇 명이 여기에서 빠지지만 33명은 끝까지 독도를 지켰단다. 홍순칠 대장이 외쳤어.

"전쟁 때문에 정부가 미처 손을 쓸 겨를이 없다면 우리라도 독도를 사수해야 합니다. 일본이 독도를 침범하는 것을 강 건너 불구경하듯이 볼 수는 없습니다. 먼 훗날 우리 자손들이 평화롭게 고기 잡을 수 있는 독도를 만들기 위해, 지금 독도로 갑시다!"

독도의용수비대는 제1전투대, 제2전투대를 포함해 총 5개의 부대로 구성됐어. 또한 박격포, 기관총, 소총, 수류탄을 사들여 무장했어. 독도의용수비대는 그 어떤 일본의 침략행위도 용서하지 않겠노라고 다짐했어.

1개월 정도가 지난 5월. 독도 서도 150m 전방 해상에 일본 함선이 나타났어. 1천 톤급 경비정이었어. 독도의용수비대는 즉시 공포탄을 쏘았어. 다행히 무력 충돌은 일어나지 않았어.

6월. 이번엔 일본의 한 고등학교 실습선이 나타났어. 독도의용수비대는 즉시 출동해 실습선에게 일본으로 돌아갈 것을 명령했어. 겁에 질린 실습선은 순순히 돌아갈 수밖에 없었지. 덕분에 실제 전투는 벌어지지 않았어. 전투는 바로 그다음 달에 일어났단다.

7월. 일본 해상보안청 순시선이 독도로 접근해 왔어. 독도의용수비대는 뱃머리를 돌리라고 경고했어. 순시선이 계속 다가오자 의용대는 사격을 시작했어. 일본 순시선은 돌아갈 수밖에 없었어. 독도의용수비대가 첫 전투에서 일본을 격퇴한 거야!

독도의용수비대는 독도가 우리 땅임을 만천하에 알릴 필요가 있다고 생각했어. 독도의용수비대는 독도의 동도 바위에 큼지막하게 '韓國領'

이라고 글씨를 새겨 넣었어. '한국령'이라고 읽으면 돼. 한국의 영토란 뜻이지.

그 후 일본과의 전투는 한동안 일어나지 않았어. 하지만 일본이 그냥 물러날 리가 없겠지? 해가 바뀌고 1954년이 됐어. 일본은 다시 도발하기 시작했어.

1954년 8월 23일.

일본의 경비정이 독도 동도 500m 지점까지 접근했어. 독도의용수비대는 즉각 전투태세에 돌입했어. 경비정을 향해 기관총을 발사했어. 경비정은 급히 달아났어.

10월. 다시 일본 순시선들이 독도로 다가왔어. 일본의 도발이 이어질 거로 예측한 독도의용수비대는 커다란 통나무를 여러 개 준비했어. 통나무에는 검은 칠을 했지. 일본 함선들은 그 검은 통나무가 대포라고 생각

1954년에 발행된 독도 우표

했어. 예전에 신라 장군 이사부가 울릉도를 정복할 때 썼던 전략과 비슷하지? 이 전략은 성공했어. 일본 순시선들은 섣불리 가까이 다가올 수 없었어. 일본이 바짝 약이 올랐어.

11월. 이번에는 1천 톤급 순시선이 3척이나 몰려왔어. 일본은 비행기까지 보냈어. 독도의용수비대는 더는 다가오지 말라고 경고했어. 하지만 일본 순시선은 듣지 않았어. 독도의용수비대가 박격포를 발사했어. 총 6발을 쏘았어. 이 중 한 발이 순시선 한 척에 명중했어. 시커먼 연기가 치솟아 올랐어. 또 다시 일본을 물리쳤어. 이 전투에서 일본군에서는 16명의 사상자가 발생했단다.

이 전투가 독도의용수비대의 마지막 전투였어. 독도의용수비대는 3년 8개월간 독도를 지킨 후 1956년 12월 30일 경찰에게 독도 관리 임무를 넘기고 해산했단다.

독도의용수비대의 이야기는 마치 잘 만들어진 전쟁 영화와 비슷해. 그들은 오로지 조국을 위해 이 일을 했어. 정부로부터는 크게 지원을 받은 것도 아니야. 바다에서 먹을 것을 구했어. 맑은 물이 없어 빗물을 받아 밥을 해야 했어. 제대로 씻을 수도 없었지. 야생벌레에게 피와 살을 뜯겨야 했어.

이처럼 고통스런 생활을 그들이 견딘 까닭은 단순해. 바로 우리 땅인 독도를 지키기 위해서였어. 실제로 그들의 활약은 컸어. 일본과의 전투에서 승리했기 때문만은 아니야. 정말로 중요한 점은, 그들이 4년 가까이 독도에서 살았다는 거야. 이게 왜 중요하냐고?

일본은 "예로부터 일본이 독도를 실효지배 해왔다"고 주장해 왔어. 이 말을 풀어볼까?

"독도에는 사람이 살지 않지만, 일본이 그 주변에서 조업 활동을 비롯해 실제로 관리해 왔다. 그러니까 독도는 실제로 일본의 영토와 마찬가지다."

독도의용수비대가 오랜 시간 독도에 머물면서 일본의 이 주장은 물거품이 되고 말았어. 독도에 한국인이 실제로 살고 있잖아!

독도를 향한 외국의 시선

독도를 지키려면 또 하나 신경 써야 할 게 있어. 바로 외교야. 독도가 우리 땅이라고 아무리 외쳐도 국제 사회가 귀를 기울여주지 않으면 곤란하지. 국제 관계와 국제 정치에 신경을 써야 하는 이유야. 당연히 독도를 바라보는 외국의 시선을 잘 알아둘 필요가 있어.

독도에 있는 경비초소이다.

서양에서는 독도를 리앙쿠르 암초라고 부른다고 했지? 1849년 1월 27일 프랑스의 고래잡이배 '리앙쿠르 호'가 독도를 발견했기 때문이야. 그 후로, 동해안을 찾은 서양의 여러 배가 항해일지에 울릉도와 독도에 대한 느낌을 남겼단다.

"울릉도 동남쪽으로 40여 마일. 세 개의 바위로 이뤄진 섬을 발견했다. 이 섬은 그 어느 해도에도 나와 있지 않은 것이다." (윌리엄 톰슨 호)

"첫날에는 울릉도를 봤다. 바로 그 다음 날에는 해도에 없는 작은 섬을 봤다. 울릉도와 이 섬의 그림을 남겨둔다." (캄브리아 호)

"울릉도를 봤다. 6일 후에는 울릉도 뒤쪽의 '울릉 바위'를 봤다. 울릉도와 울릉 바위의 중간에 배가 있었을 때 양쪽 모두 보였다." (플로리다 호)

이 이야기들을 종합하자면, 19세기 중반부터 20세기 초반까지 동해안을 다녀간 서양 어선들은 독도를 울릉도에 딸린 섬으로 여겼다는 걸 알 수 있어. 오랜 시간 바다를 누빈 그 사람들이야말로 가장 정확한 눈을 갖고 있지 않을까?

독도가 우리 땅이라는 외국의 기록도 있어. 1737년 프랑스 지리학자 당빌이란 사람이 '조선왕국전도'를 그렸는데, 이 지도에서 독도(우산도)는 조선의 영토로 표기돼 있단다.

심지어 일본의 지도에서도 독도는 조선 영토로 나와 있어. 조선왕국전도와 거의 비슷한 시기인 1758년에 만들어진 일본의 '삼국접양지도'가 대표적이야. 이 지도는 나라별로 색깔을 달리하고 있어. 조선의 영토는 황색으로 표시돼 있는데, 울릉도와 독도 모두 황색이란다. 과거에는 일본인들도 독도를 조선의 땅으로 여기고 있었다는 증거지.

요즘은 어떨까?

세계 여러 지역의 이름을 정하는 기준을 만드는 기관이 있어. 바로 '미국지명위원회'야. 이 기구는 미국 정부 기관인데, 영향력이 막강해. 따라서 미국지명위원회가 독도를 어떻게 부르는지도 알아두는 게 좋아.

미국지명위원회 또한 공식적으로는 독도를 리앙쿠르 암초라고 표기하고 있어. 동시에 '독도Tok-to'와 '다케시마Take-shima'를 함께 표기하고 있지. 다만 "독도의 주권은 대한민국South Korea에 있다"고 밝히고 있지. 미국 국무부와 CIA 홈페이지에도 똑같이 표기돼 있단다.

일본은 미국을 비롯해 강대국에게 집요할 정도로 로비 활동을 벌이고 있어. 그 때문이었을까? 미국지명위원회가 2008년 독도의 주권을 '미 지정'으로 고친 적이 있어. 분쟁 지역이란 뜻인데, 일본이 원하는 바야. 당시 우리 정부가 강력하게 항의해서 원래대로 돌려놨지만, 앞으로도 계속 감시 활동을 소홀히 해선 안 돼.

2014년 2월 6일.

미국 버지니아 주에서 의미가 큰 '사건'이 발생했어. 주 의회 하원이 '일본해'와 '동해'란 명칭을 함께 쓰기로 하는 법안을 통과시킨 거야. 이게 왜 의미가 있냐고?

사실 아직도 일부 나라들은 동해를 동해East Sea가 아닌, 일본해Japan Sea로 표기하고 있단다. 1919년 국제수로회의에서 이 바다를 일본해라고 정했기 때문이야. 일본해란 말이 널리 퍼지면 그 바다에 있는 독도도 일본의 영토라고 생각하기 쉽지.

이런 오판을 막아준 게 바로 버지니아 주 의회의 결정이었던 거야. 이 결정을 계기로 미국의 여러 주에서 동해와 일본해를 함께 표기하려는 움직임이 나타나고 있어. 현지에 사는 교포와 여러 시민단체, 정부가 함께 노력한 결실이지. 하지만 아직 안심하기에는 일러. 동해와 독도가 국제적으로 공인받는 날까지 모든 국민이 외교관이 돼 바쁘게 움직여야겠지?

끝으로, 독도의 자연환경에 대해 간략하게 정리하고 넘어갈게.

"울릉도에서 배를 타고 동남쪽으로 89.493km를 가면 독도에 도착합니다. 일본 시마네 현의 오키 섬에서 독도까지는 약 160km입니다. 위치상으로도 독도는 우리 땅이죠. 독도는 크게 동도와 서도, 2개의 섬으로 돼 있습니다. 동도와 서도 사이의 거리는 110~160m 정도죠. 주변에는 33개의 작은 바위와 암초들이 있어서 독도의 총면적은 18만 6121m^2가 된답니다."

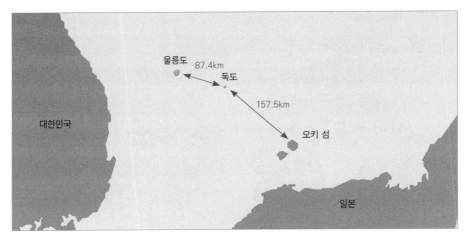

독도는 지리적으로도 한반도에서 더 가깝다. 울릉도로부터는 87.4km, 일본의 오키섬으로부터는 157.5km 떨어져 있다.

을미사변, 아관파천, 대한제국

1895년부터 1897년까지 연이어 발생했다. 명성황후는 러시아의 힘을 빌려 일본을 몰아내려고 했다. 그러자 일본은 1895년, 깡패들을 동원해 명성황후를 잔인하게 살해했다. 이 사건이 을미사변이다. 1년 후인 1896년에는 고종이 일본을 피해 러시아 공사관으로 피신했는데, 이 사건이 아관파천이다. 아관은 러시아 공관이란 뜻이다. 1년여 후, 고종이 궁궐로 돌아왔다. 이어 고종은 자주적이고 독립적인 대한제국이 탄생했음을 알리고, 스스로 황제에 올랐다. 이어 대대적인 개혁에 착수했다.

러일 전쟁

1904년 2월 9일, 일본 함대가 요동 지방의 뤼순 항구에 있는 러시아 함대를 공격함으로써 시작됐다. 유럽 열강과 아시아의 신흥 열강이 맞붙은 전쟁으로 세계의 관심을 끌었다. 예상과 달리 일본이 승리했다. 이 전쟁의 승리로 러시아는 한반도에서 손을 뗐고, 일본은 본격적으로 한반도를 식민지로 만드는 작업에 돌입했다. 사실 전쟁이 발발한 직후에도 일본 군대는 서울로 쳐들어와 강제로 한일의정서를 체결하도록 했다. 이 한일의정서를 통해 일본은 한국이 침략 위협을 당하면 보호하겠다며 한반도의 아무 지역이나 마음대로 빌려 쓰겠다며 터무니없는 요구를 강요했다.

개념정리 알찬복습

수토정책: 조선 후기의 울릉도 관리 정책. 조선 전기의 쇄환정책보다 강도를 더해, 수토관이라는 관리가 있어 섬을 관리했다. 1885년 폐기됐다.

도감: 고종 당시 울릉도를 직접 관리하면서 울릉도 주민 중 적임자를 뽑아 관리 책임을 맡겼는데, 그 사람을 도감이라고 했다.

대한제국 칙령 제41호: 1900년 10월 25일 발표한 칙령. 울릉도와 독도가 대한제국의 영토라는 사실을 정부가 공식 선언했다.

시마네 현 고시 40호: 일본이 1905년 2월 22일 발표한 고시. 독도를 자기들 땅이라고 주장했다.

군정: 사회가 안정되고 정치와 경제가 제대로 돌아갈 때까지 군대가 일시적으로 통치하는 것. 우리의 경우 해방 후 미군정이 통치한 바 있다.

맥아더 라인: 1945년 미국의 극동사령관 맥아더가 일본 어선들이 조업할 수 있는 영역을 정한 선. 독도는 이 맥아더 라인 밖에 있었다.

이 라인: 1952년 이승만 대통령의 독도에 관련한 선언. 대한민국 해안으로부터 평균 60마일까지를 평화선, 즉 이 라인으로 정했다. 그 안의 수산자원과 광물자원에 대한 권리는 대한민국에 있다고 선언했다.

국제수로기구 회의: 1919년 동해를 일본해로 정한 회의.

5장

군국주의,
패권주의 부활?
위험한 동북아시아

도와주세요

일본이 자꾸 독도를 자기들 땅이라고 우기는데, 정말로 화가 나요 ¿ 왜 우리 땅에 그렇게 탐을 내는 거죠? 일본이 파렴치한 나라처럼 느껴져요. 그런데 사실은 고백할 게 있어요. 동생이 "독도가 언제 부터 우리 땅이었어?"라고 묻는데 대답을 할 수 없었어요. 생각 해 보니 저 또한 독도에 대해 아는 것보다 모르는 게 더 많다는 걸 깨달았어요. 많이 부끄러웠어요. 지금이라도 알고 싶어요. 언제 부터 독도가 우리 땅이었어요? 통박사님~ㅎ

통박사의 어드바이스

창피해할 필요는 없어. 배우려는 그 자세가 중요한 거란다. 정말로 문제가 되는 것은, 일본의 억지 주장에 제대로 반박하지도 못하면서 목소리만 높이는 거야. "일본, 까불지 마"라고 얘기하려면 독도가 우리 땅이라는 근거를 확실히 대야 해. 그래야 일본도 기가 죽지 않겠어? 자, 그렇다면 어떻게 해야 할까? 우선 울릉도의 역사부터 알아야 해. 울릉도와 독도는 떼어 놓으려야 떼어 놓을 수 없는 관계이거든. 혹시 이사부란 이름을 들어봤니? 그분은 울릉도와 독도를 우리 역사 속으로 끌어들이셨어. 안정복이란 이름도 들어봤어? 그분은 일본으로 건너가 "울릉도와 독도가 조선 땅이다"는 사실을 인정하도록 했어. 일본에 항의하고 싶어. 그럼, 그 전에 그분들의 활약부터 살펴보는 게 좋을 거야.

군국주의의 불씨

일본의 극우단체들은 독도를 강탈하려는 야욕을 숨기지 않고 있어. 대한민국 정부가 건국될 무렵부터 지금까지 일본의 극우 세력들은 '침략행위'를 멈추지 않고 있어.

이를테면 1959년 9월에는 일본 극우단체의 돌격대 150여 명이 독도에 상륙하려고 시도했어. 극우단체 회원들이 주일한국대사관에 난입해 "독도는 일본 땅이다!"며 난동을 부리기도 했지. 2000년 9월에는 일본을 방문 중인 우리나라 대통령의 숙소에 무단으로 침입하려고도 했어.

일본의 극우 정치인들도 크게 다르지 않아. 그들은 공공연하게 "독도를 반드시 빼앗아오겠다"는 선거공약을 내걸지. 심지어 총리나 주한일본대사까지도 독도가 자기들 땅이라며 공개적으로 말하고 다닌단다.

요즘도 일본 정부는 독도를 자기들 땅이라고 우기고 있어. 국제사회에도 대대적인 로비 활동을 벌이고 있어. 일본 외무성이 주도해 홍보 동영상을 만들기도 했어. 이 동영상에서 일본은 "17세기부터 일본이 독도의 영유권을 확보했다. 현재 한국이 불법으로 점거하고 있다"고 주장하고 있단다. 우리 정부가 강력히 항의해도 일본 정부는 들은 채 만 체하고 있어.

독도와 관련된 사안이 아니더라도 극우단체와 정치인들은 한국을 모욕하고 있어. 태극기를 조롱하고 모독하는 추태도 종종 볼 수 있지.

2013년 9월쯤이었을 거야. 한 동영상이 유튜브에 올랐어. 이를 본 많은 국내 네티즌이 분노했어.

동영상의 제목은 '펩시 바퀴벌레 매트'였어. 이 영상을 만든 일본인은 태극기를 바닥에 팽개쳤어. 여러 사람에게 태극기를 밟고 지나가도록 했지. 남의 나라 국기를 그렇게 모독하는 것만 해도 큰 범죄인데, 자세히 보면 더욱 화가 나. 그 일본인은 태극기의 태극 문양을 펩시콜라의 로고라며 비아냥댔어. 사괘가 있어야 할 자리에는 바퀴벌레 모양을 그려 넣었지.

이것뿐만이 아니야. 어떤 동영상에서는 일본인이 태극기를 발로 차다가

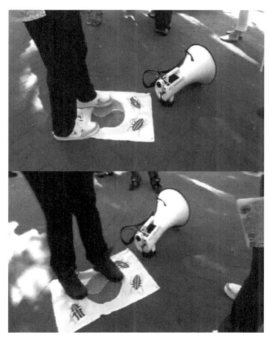

극우 일본단체가 태극기를 모독하는 장면. 사괘를 바퀴벌레로,
태극문양을 펩시마크로 바꿔넣었다

북북 찢어버리기도 했어. 태극기를 불에 태워버리는 영상도 볼 수 있지.

이 극우단체와 정치인들은 왜 망언을 하고, 망발을 서슴지 않는 걸까? 일본의 몇몇 언론이 벌인 여론조사를 보면, 실제 일본 국민의 대다수는 이런 극우세력을 혐오하고 있어. 그런데도 불구하고 극우단체의 극단적인 행동은 줄어들지 않고 있지.

도대체 그들은 왜 그런 행동을 하는 것일까? 강한 일본을 꿈꾸기 때문이야. 그들은 강했던 '일본 제국주의' 시절을 그리워하고 있어. 그러므로 한국인, 한국문화를 모두 싫어하는 거야. 그들에게 한국은 '일본이 지배했던 열등한 민족'이란 생각이 강하지. 일본의 극우 세력이 원하는 것은 바로 '군국주의'야.

군국주의란 군사력을 키워 강대국이 되려는 이념이야. 군대에서는 윗사람의 명령에 절대복종해야 해. 자기들끼리 똘똘 뭉쳐야 해. 외부로부터 위협이 생기면 무력을 써서 제압하려고 하지. 쉽게 말해 정치와 경제, 사회, 문화의 모든 영역에 군대와 군사문화를 퍼뜨리려고 생각하는 사람들이 군국주의자야.

현대는 다양한 이념과 생각, 사상이 서로 어우러진 시대야. 상대방의 생각이 나와 다르다고 해서 무조건 배척해선 안 돼. 문제가 생기면 대화와 타협을 통해 해결하는 게 정답이지. 이건 너무나 당연한 민주주의의 기본 원리야.

하지만 군국주의자들은 이런 가치들을 중요하게 생각하지 않아. 그들은 합리적으로 생각하지 않아. 오로지 '우리'만 옳다고 여기고, 약한 자는 짓밟아도 된다고 여기게 되지. 언제든지 전쟁을 벌일 수 있다고 생각하기 때문에 늘 군대를 보강해야 한다고 주장해. 정말 위험한 발상이지? 문제는, 요즘 일본에서 이 군국주의의 망령이 다시 살아나고 있다는 거야.

스파르타와 로마의 군국주의

기원전 9세기 무렵 그리스에는 여러 도시국가가 있었어. 이 도시국가들을 '폴리스'라고 불러. 직접민주정치를 시행했던 아테네가 대표적인 폴리스야. 이외에도 또 하나의 유명한 폴리스가 있었어. 바로 스파르타인데, 역사상 등장한 최초의 군국주의 국가야.

스파르타에는 전설로 내려오는 지도자가 있었어. 바로 '리쿠르고스'란 인물이야. 리쿠르고스는 강력한 스파르타를 만들기 위해 아주 가혹한 법을 만들었어. 이 법을 '리쿠르고스 법' 또는 '리쿠르고스 체제'라고 한단다.

"허약한 아이는 산속에 버린다. 귀족의 자식도 예외는 없다! 장애가 있는 아이도 버린다. 모든 아이는 전사로 키운다. 식량을 배급하지만 때로는 훈련을 위해 일절 먹을 것을 주지 않는다. 아이는 살아남기 위해 식량을 훔쳐 먹거나, 스스로 찾아내야 한다. 식량을 훔치다가 들켜 죽어도 어쩔 수 없다."

섬뜩한 내용이지? 스파르타에서는 남자가 7세가 되면 집단생활을 했어. 담력을 키우기 위해 야산에 버렸어. 살아 돌아오라는 거야. 남자는 30세가 될 때까지 이런 집단생활을 하며 군사 훈련을 받았어. 스파르타에서는 전사만이 남자로서 인정받았어. 전투에 나가면 반드시 승리해야 했고, 패배할 때는 차라리 전사하는 걸 더 큰 명예로 여겼단다. 리쿠르고스는 오로지 군대만이 스파르타를 구할 뿐 아니라 강대국으로 만들 수 있다고 믿었어. 종교 사제에게 신의 뜻을 물었는데, "리쿠르고스 법이 스파르타를 강하게 만들 것이다"라는 예언이 나왔단다. 리쿠르고스는 미소를 지었어. 자기 생각대로 스파르타가 군부 국가로 자리매김하는 모습을 보니 뿌듯하기도 했지. 하지만 마음 한구석에 있는 불안감은 사라지지 않았어.

'만약 내가 죽고 나면 스파르타는 어떻게 되지? 후계자가 법을 바꿔 버리면? 어렵게 다져놓은 리쿠르고스 체제가 무너질 수도 있어! 그렇게 되면 스파르타는 약소국으로 떨어지고 말 거야. 절대 그런 일이 일어나서는 안 돼.'

리쿠르고스는 그 후 몇 날 며칠을 고민하기 시작했어. 리쿠르고스 체제가 영원히 사라지지 않을 방법을 찾기 위한 고민이었지. 마침내 해법을 찾았어.

며칠 후 리쿠르고스가 신의 말씀을 구하기 위해 여행을 떠난다고 발표했어. 스파르타의 시민들이 그의 말을 듣기 위해 광장에 모였어. 리쿠르고스가 큰 소리로 외쳤어.

"나, 리쿠르고스는 스파르타를 강하게 만들어 줄 신의 계시를 듣고 오겠

습니다. 여행이 한 달이 될지, 1년이 될지는 장담할 수 없습니다. 더 길어
질 수도 있습니다. 시민 여러분. 하나만 약속해 주십시오. 내가 돌아오기
전까지는 아무도 리쿠르고스 법에 손을 대지 않는다는 약속 말입니다. 그러
면 마음 가볍게 여행을 떠날 수 있을 것 같습니다."

리쿠르고스가 자신들을 위해 고난의 여행을 한다고 생각하자 스파르타
시민은 큰 감동을 하였어. 그들은 결연한 표정으로 약속했어.

"그렇게 하겠습니다. 지도자께서 돌아오시기 전에는 스파르타 사람 그 누
구도 리쿠르고스 법을 뜯어고치거나 없애지 못할 겁니다."

리쿠르고스는 그제야 막힌 가슴이 뻥 뚫리는 기분이 들었어. 그는 이제
편안히 죽을 수 있다고 생각했어.
무슨 이야기냐고?

사실 리쿠르고스는 '죽음 여행'을
계획하고 있었어. 모든 시민이 자신
이 돌아오기 전에는 리쿠르고스 법
을 고치지 않겠다고 약속했잖아?
만약 자신이 영원히 스파르타에 돌
아오지 않는다면? 그 법은 영원히
존재하게 돼! 리쿠르고스가 바란 게
바로 그거였어.

리쿠르고스는 홀로 스파르타를

리쿠르고스 법을 만들어 스파르타의 군국주의를 확립
시킨 장본인 **리쿠르고스**이다.

떠났어. 그리고는 다시 돌아오지 않았어. 그는 지중해의 어느 절벽에서 몸을 던졌단다. 물론 이 이야기는 전설이야. 하지만 스파르타의 군국주의를 이해하는 중요한 열쇠이지.

스파르타 군국주의는 세 차례에 걸쳐 진행된 '페르시아 전쟁(기원전 492~기원전 448년)'에서 그 진면목을 보여줬어. 이 전쟁은 세계 최강대국인 페르시아와 그리스 사이에 벌어졌어. 결과부터 말하자면, 그리스의 승리로 끝났지.

기원전 480년, 페르시아 제국 황제는 크세르크세스는 100만 대군을 이끌고 그리스로 쳐들어갔어. 2차 페르시아 전쟁이 터진 거야. 페르시아 육군이 테르모필레 계곡으로 몰려들었어. 이때 페르시아를 맞선 군대가 바로 스파르타의 레오니다스 왕과 정예부대인 '300인대'였어. 이 전투는 영화 〈300〉으로도 만들어졌단다.

스파르타의 레오니다스 왕은 페르시아 군대에 맞서 싸우다 전사했다.

300인대 외에도 그리스 연합군 병력이 7천여 명 정도가 있었어. 페르시아 대군을 막기에는 턱없이 적은 병력이지. 기적이었을까? 페르시아 대군이 300인대의 활약에 전혀 맥을 쓰지 못했어. 테르모필레 계곡을 돌파할 수가 없었어.

전투는 길어졌어. 그리스 연합군도 많이 지쳤어. 배신자가 생겼어. 그리스인 배신자가 페르시아에 우회로를 가르쳐줬어. 레오니다스 왕과 300인대가 끝까지 싸웠지만, 페르시아 군대를 막을 수 없었어. 레오니다스 왕과 300인대는 "난 스파르타의 용맹한 전사로 죽는다!"고 외치며 전사했단다. 영웅적인 군국주의의 최후라고 봐야 할까?

페르시아 전쟁이 끝나고 얼마 지나지 않아 그리스 내전이 터졌어. 이 전쟁을 '펠로폰네소스 전쟁(기원전 431~기원전 404년)'이라고 불러. 이 전쟁은 스파르타의 승리로 끝났어. 스파르타는 다른 폴리스들을 강압적으로 통치했어.

그 결과 많은 폴리스가 쇠퇴했어. 찬란했던 고대 아테네의 민주정치도 몰락하고 말았지. 결국엔 군국주의가 그리스의 쇠퇴로 이어지고 만 거야. 영웅적 군국주의라 해도 그 끝은 비참하다는 사실을 알겠지?

그 후 유럽의 주도권은 그리스 북부의 마케도니아가 가져갔어. 이 마케도니아가 배출한 정복자가 바로 알렉산더 대왕이야. 알렉산더 대왕은 동방원정을 단행했어. 페르시아도 멸망시켜 버렸지. 그는 유럽, 북아프리카, 서아프리카에 이르는 거대 제국을 건설했어. 이 제국을 '헬레니즘' 제국이라고 부르지. 알렉산더 대왕이 죽자 헬레니즘 제국은 몇 개로 쪼개졌어. 그래, 절대 강자가 사라진 거야.

얼마 지나지 않아 이탈리아 반도에 있는 로마란 작은 나라가 탄생했어.

로마는 빠른 속도로 영토를 넓혔고, 마침내 서기 전후에는 제국으로 성장했지. 오늘날 우리가 기억하고 있는 로마 제국이야.

로마 제국도 출발할 때는 공화국이었어. 고대 아테네처럼 민주정치가 어느 정도 살아 있었지. 오늘날의 대통령에 해당하는 '집정관'은 투표로 선출했어. 평민들의 대표인 '호민관'도 뽑았지. 법을 만들고 정치 자문을 담당하는 '원로원'도 운영됐어.

이 모든 기구가 정복자 카이사르(영어로는 시저)가 등장하면서 사실상 정지됐어. 모든 권력을 카이사르가 장악했지. 카이사르는 황제나 다름없었어. 그렇지만 카이사르는 암살로 생을 마감했어. 그의 후계자인 아우구스투스에 이르러 로마는 본격적인 황제의 국가, 즉 제국으로 탈바꿈했단다.

카이사르는 로마를 공화국에서 제국으로 변화시켰다.

공화국에서 제국으로 바뀌었지만, 로마의 질서는 여전히 잘 잡혀 있었어. 로마 시민은 자신이 로마 시민이란 사실을 아주 자랑스러워했어. 로마 군대는 아주 강력해서 싸웠다 하면 승리를 거뒀어. 로마 제국의 영토는 하루가 다르게 불어났지.

군대가 강해지면서 부작용이 나타나기도 했어. 짐작이 가지? 지방의 군대 사령관들이 정치에 개입하기 시작한 거야. 그래, 스파르타의 군국주의가 로마 제국에서 부활한 거야!

사령관들은 곳곳에서 반란을 일으켰어. 심지어 황제를 죽이고 자기가 황제에 오르기도 했어. 그러면 다른 사령관이 그 황제를 죽이고 자신이 황제에 올랐어. 오로지 힘과 무력만이 로마를 지배했어.

이 시기를 '군인황제 시대(235~284년)'라고 한단다. 50여 년간 황제가 18명이나 바뀌었어. 황제가 2명이었던 때도 있어. 이런 황제까지 포함하면 26명이었지. 정말 혼란스러웠어. 군국주의의 결말은, 늘 이렇게 비참해. 그 점을 명심하렴.

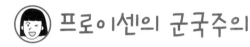

프로이센의 군국주의

스파르타와 로마의 군국주의는 영웅전이나 액션 영화처럼 느껴질 수도 있어. 워낙 오래전의 일이기도 하고, 시민의식이나 근대의식이 생기기 전의 일이라서 그래. 오늘날 우리가 말하는 군국주의는 사실 근대 이후에 시작됐어. 대표적인 나라가 프로이센이야.

프로이센은 독일 북부에 있는 게르만족의 작은 나라였어. 당시 게르만족의 큰 형님뻘인 나라는 오스트리아였지. 오스트리아는 영국, 프랑스와 함께 강대국에 속해 있었어. 프로이센은 18세기부터 군대를 육성하고 무기를 도입하는 데 막대한 투자를 했어. 그 결과 군사력만 놓고 보면 웬만한 강대국 못지않았단다.

그 후 게르만족 사이에 "우리 민족을 하나로 합치자!"는 운동이 시작됐어. 처음에는 오스트리아가 이 통일 운동을 주도했어. 하지만 프로이센도 지지 않았어. 프로이센은 자기 나라 중심으로 게르만족을 통일하려 했어.

1862년 프로이센의 총리(수상)로 오토 폰 비스마르크가 임명됐어. 얼마 후 하원 의회가 열렸어. 비스마르크는 정치 철학을 밝히기 위해 연단에 섰어. 하원 의원들이 일제히 그를 쳐다봤어. 비스마르크가 연설을 시작했어.

"지금 세계정세는 아주 복잡하고 어렵습니다. 이 위기를 극복하고 프로이센이 도약할 방법을 생각하고 있습니까? 한가하게 민주주의 운운하며 다수결의 원칙이나 따지고 있겠습니까? 정부를 비판하는 언론에 고개를 숙일 겁니까?"

뭔가 폭탄 발언이 터질 것 같은 분위기였어. 팽팽한 긴장감이 감돌았어. 비스마르크의 연설이 이어졌어.

"아닙니다. 위대한 통일 게르만 제국을 건설하는 방법은 따로 있습니다. 오로지 철과 피만이 지금의 위기를 해결할 수 있습니다. 철은 무기를 말함이요, 피는 군대를 말함입니다. 다시 말해 군사력을 한층 강화시켜야 한다는 겁니다. 무력만이 프로이센을 강하게 할 수 있고, 무력만이 통일 제국을 건설하는 해법입니다."

피를 한자로 쓰면 '혈(血)'이야. 그래서 비스마르크의 이 정책을 '철혈정책'이라고 한단다. 결국, 비스마르크는 군국주의를 프로이센 정부의 정식 이념으로 삼겠다고 선포했던 거야.

이후 프로이센에선 군대가 곧 힘이 됐어. 진보적인 학자나 운동가들은 모조리 체포했어. 정부를 비판한 언론도 가만두지 않았지. 의회도 사실상 비스마르크와 군대의 눈치를 봐야 했어.

프로이센은 곧 게르만족의 큰형님, 오스트리아와 한판 붙었어. 막강한 군사력을 가진 프로이센이 당연히 승리했어. 프로이센은 이어 사사건건 간섭하는 프랑스도 격파했어. 프랑스의 황제는 프로이센 왕에게 항복해야 했지.

1871년 프로이센이 프랑스의 중심인 베르사유 궁전에서 독일 제국 선포식을 했어. 과거 나폴레옹에게 프로이센이 짓밟힌 적이 있는데, 그 복수를 한 거야. 이렇게 해서 오늘날의 독일이 탄생했단다.

독일은 그 후 제1차 세계대전과 제2차 세계대전을 일으켰어. 아시아에서는 일본이 독일과 함께 제2차 세계대전을 일으켰지. 일본이 군국주의를 추진하며 모델로 삼았던 나라가 바로 프로이센이었단다.

일본의 군국주의

1853년 일본의 에도 앞바다. 미국 동인대 함대 소속 군함들이 시위를 벌이고 있었어. 함대 사령관인 페리 제독은 미국 대통령의 친서를 에도 막부에 전달했어. 친서에는 이렇게 씌어 있었어.

"일본은 개항하라. 미국의 상품을 일본 안에서 자유롭게 판매하도록 허용하라. 통상을 허용하라."

에도 막부는 6개월이나 결정을 끌었어. 하지만 결국 문을 열 수밖에 없었어. 1854년 1월 일본은 미국과 화친 조약을 체결했어. 서양 국가의 진출을 허용했으니 그다음 상황은 뻔해. 영국, 네덜란드, 러시아, 프랑스 등이 잇달아 일본에 진출했지.

에도 막부의 체면이 말이 아니게 됐어. 각 번의 영주들이 에도 막부가 무능해서 이렇게 된 거라고 반발했어. 막부를 반대하는 세력이 점점 커지더니 급기야는 이참에 없애버리자는 목소리가 나왔어.

1867년 에도 막부의 군대와 막부를 반대하는 세력의 갈등이 극에 달했어. 대대적인 전투가 벌어질 분위기였어. 어느 한 쪽은 반드시 죽어야 싸움은 끝날 것 같았어. 바로 그때 막부의 우두머리인 '쇼군'이 중대 결단을 내렸어.

"오늘부로 천황(일본에서는 왕을 이렇게 불렀어)에게 권력을 넘겨주겠다. 막부는 해체하겠다."

이렇게 해서 가마쿠라 막부-무로마치 막부-에도 막부로 이어지던 300여 년의 막부 통치가 끝이 났어. 이듬해인 1868년에는 왕의 정부가 에도 성에 들어왔어. 이 에도 지역이 오늘날의 도쿄란다. 왕의 즉위식이 열렸어. 왕은 '메이지'를 연호로 채택했어. 그래서 이 정부를 메이지 정부라 불러.

메이지 정부는 대대적인 개혁을 시작했어. 보통 이 개혁을 '메이지 유신'이라고 한단다. 이 개혁의 목표는 '부국강병'이었어. 경제를 풍요롭게 하고 군사력을 강하게 한다는 뜻이야.

부유한 상공업자와 군인들이 중심이 돼 개혁이 진행됐어. 그러니 군수산업이 발전했고, 군

300여 년간 이어지던 막부 통치가 에도 막부를 마지막으로 해체되고 천황이 옹립되었다. 그림은 천황 옹립 장면이다.

대는 점점 강해졌어. 프로이센을 모델로 삼았다고 했지? 내각이나 의회는 별 힘이 없었어. 군대마저도 왕의 직속 기구로 됐을 정도야. 왕의 명령만 떨어지면 일본 정규군이 언제든지 무슨 일이든지 하는 체제가 된 거지.

일본의 군국주의는 순식간에 무서운 속도로 성장했어. 군부는 모든 권력을 장악했어. 왕이 있기는 했지만, 실제로는 왕의 뒤에서 모든 것을 군부가 조종했단다. 왕은 군부와 뜻을 같이해 군국주의를 받아들였어.

그다음은 이미 잘 알고 있는 스토리야. 일본은 한국을 식민지로 만들었고, 중국을 넘봤어. 만주사변과 중일전쟁을 잇달아 일으켰어. 그것만으로도

모자랐어. 일본은 아시아 전체를 정복하기 위한 전쟁을 벌였어. 그게 제2차 세계대전과 동시에 일어난 '태평양 전쟁'이야.

제2차 세계대전 초반부에는 연합국이 상당히 고전했어. 독일은 유럽에서, 일본은 아시아와 태평양에서 승승장구했어. 하지만 미국이 참전하면서 전세는 역전됐어. 연합군은 독일을 궁지로 몰았어. 일본 또한 미국을 중심으로 한 연합군 부대에 연일 패했지.

1945년 8월 15일 일본은 항복했어. 더불어 제2차 세계대전도 끝이 났지. 이제 군국주의도 몰락하게 되겠지?

독일과 일본 모두 제2차 세계대전을 일으킨 주범이자 패전국이야. 오늘날 독일에서는 군국주의자들이 설 땅이 없어. 물론 독일에도 극우단체나 나치 추종자들이 아직도 남아있어. 하지만 독일 국민은 그들을 외면하고 있단다.

반면 일본에서는 여전히 군국주의자들이 큰 인기를 끌고 있어. 세계 경제 대국으로 성장한 후에는 다시 일본 정규군인 '자위대'를 강화하려는 움직임도 나타나고 있지. 극우주의자들의 선동과 테

1945년 8월 9일 미국이 나가사키에 원자폭탄을 투하했고 6일 후 일본은 항복을 선언했다.

러 행위도 종종 벌어지고 있어. 바로 이때문에 일본의 군국주의가 부활하는 것 아니냐는 걱정을 전 세계에서 하는 거란다.

일본 군국주의에 굴복하지 않기 위해서라도 독도는 반드시 지켜내야 해. 그래서 우리가 독도에 대해 훨씬 더 많이 알아야 하는 거야. 독도가 우리 땅일 수밖에 없는 이유를 민주주의 절차에 따라 조목조목 설명할 수 있어야 해. 그게 승리의 비결이란다.

제2차 세계대전에 패한 일본이 항복 문서를 작성할 당시의 사진이다.

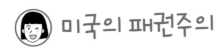# 미국의 패권주의

제2차 세계대전은 군국주의 파시즘 국가와 연합국간의 전쟁이었어. 연합국의 승리로 전쟁이 끝나면서 평화가 찾아오는가 싶었지. 하지만 아니었어. 새로운 갈등이 터졌어. 바로 자유민주주의와 공산주의와의 싸움이 시작된 거야. 이를 '냉전'이라 불렀어.

자유민주주의의 대표 선수는 미국, 공산주의의 큰 형님은 소련이었어. 양쪽 어느 진영에도 끼지 않겠다며 중립을 선언한 나라들도 있었어. 하지만 대부분은 미국이나 소련, 어느 한 쪽의 편에 섰어. 세계가 두 파벌로 나뉘어 소리 없는 전쟁을 벌인 셈이지.

가끔은 진짜로 전투를 벌였어. 대표적인 게 6·25 전쟁이야. 이 전쟁은 우리 강산에서, 같은 민족 간에 서로 총부리를 겨눈 비극이었어. 동시에 냉전이 곪고 곪아 터진 전쟁이라고 할 수 있지. 미국과 소련이 모두 개입했거든.

쿠바에서도 미국과 소련은 충돌했어. 자칫 핵전쟁으로 비화될 뻔 했는데, 다행히 서로 한 발씩 물러나면서 사태가 끝났어. 두 강대국이 '에취!'하고 재채기를 하면 전 세계가 벌벌 떨어야 하는 시대였어.

1968년 1월.

동유럽 국가 체코슬로바키아(지금은 체코와 슬로바키아로 분리돼 있단다)에서 민주주의 물결이 일기 시작했어. 개혁파가 정권을 잡았고, 그 정권은 국민의 자유를 보장하는 개혁을 추진했어. 이 사건은 '프라하의 봄'으로 알려지면서 전 세계의 주목을 받았어. (프라하는 체코슬로바키아의 수도란다.)

왜 이 사건이 그토록 유명해진 것일까? 당시 체코슬로바키아가 소련의 위성국이었기 때문이야. 소련의 통제를 받았다는 얘기야. 그런 나라에서 소련을 배척하고 자유개혁을 추진했으니 주목을 받을 법도 하지?

소련의 심기가 불편해졌어. 소련은 체코슬로바키아의 개혁 정부와 협상을 시작했어. 하지만 개혁 정부는 소련의 말을 들으려 하지 않았어. 소련은 무력을 써서라도 체코슬로바키아의 개혁을 저지하겠다고 결심했어.

그 해 8월 20일.

소련이 결국 체코슬로바키아를 침공했어. 소련의 장갑차와 탱크가 프라하를 짓밟았어. 시민들은 비폭력 투쟁으로 맞섰어. 그런 시민들을 소련군은 잔인하게 학살했지. 전 세계의 국가들이 소련을 비난했어.

하지만 소련은 개의치 않았어. 민주화 요구 시위를 진압하고 개혁 정부를 끌어내렸어. 이어 소련의 말을 잘 듣는 허수아비 정부를 세웠어. 소련의 군대는 1989년까지 체코슬로바키아에 머물며 점령군 행세를 했단다.

자, 침공 당시로 돌아가서 다른 나라의 반응을 살펴볼까? 특히 중국의 반응에 주목해야 해. 중국의 한 신문은 이 사건을 보도하면서 소련을 비판했어. 사실 이 무렵 중국과 소련은 공산진영의 1인자 자리를 놓고 티격태격하고 있었단다.

"우리 중국은 소련의 패권주의를 비판한다. 소련은 강대한 군사력을 앞세워 제국주의적인 대외 정책을 펼치고 있다."

그 후 중국 정부는 이 '패권주의'란 용어를 자주 사용했어. 처음에는 소련을 비판하기 위해 이 용어를 썼지? 나중에는 미국을 비판할 때도 패권주의란 용어를 썼어. 1970년대 중반, 중국은 새로운 헌법을 만들면서 "중국은 초강대국의 패권주의에 반대한다!"는 규정을 집어넣기도 했단다.

미국은 소련과 중국을 견제하기 위해 동북아시아 지역의 안보에 많은 신경을 썼어. 한국 정부와도 협력 관계를 강화했고, 일본에 대해서도 우호적인 관계를 유지했지. 중국은 미국의 그런 정책이 아시아태평양 지역을 차지하려는 야심에서 나온 것이라고 비판했어.

자, 이쯤에서 패권주의의 정의를 내려 볼까? 간단하게 말하면 권력이 강한 자가 약한 자를 힘으로 내려찍는 게 패권주의야. 영어로 바꾸자면 '헤게모니(Hegemony)'가 돼. 이를 국제정치 분야에 적용하면 크게 두 가지 특징을 찾을 수 있어.

첫째, 어떤 이념에서 1인자인 국가가 자신의 이익과 세력을 확대하려는 데서 패권주의가 등장해. 미국은 자유진영, 소련은 공산 진영의 1인자지? 이 초강대국들에 누가 맞설 수 있겠어?

둘째, 군사력 또는 경제력에서 우월한 국가들이 패권주의를 대외정책으로 삼게 돼. 소련은 강력한 군사력으로 위성국가들을 억눌렀지? 미국 또한 군사력이 막강해. 게다가 미국은 세계 경제를 좌우할 정도로 경제 대국이지.

미국은 우리 대한민국의 우방국이야. 북한과 대치하고 있는 현재 상황에서 미국의 도움이 필요한 것 아니냐고? 그런 점을 생각하면 미국을 무조건 패권주의로 몰고 가는 건 옳지 않다고 할 수도 있어.

하지만 미국의 패권주의에 대해 비판하는 사람도 많아. 특히 미국은 중동 지역에서 세력을 확대하기 위해 무리수를 두기도 했어. 여러 차례 전쟁도 일으켰지. 물론 자유민주주의와 인권을 지키려는 뜻이 없는 건 아니야. 하지만 미국을 비판하는 사람들은 "미국이 중동의 석유를 확보하기 위해 전쟁을 일으키고 있다"고 말한단다.

중국의 중화주의

중국이 달라지고 있어. 하지만 썩 좋은 방향은 아니야. 주변 국가들에게 민폐를 끼치는 쪽으로 변하는 것 같아.

한때 패권주의 국가라며 미국과 소련을 비난하던 중국이었어. 그랬던 중국이 언젠가부터 패권주의의 길을 가고 있어. 동북공정이 패권주의의 한 모습이고, 곧 살펴볼 주변 나라들과의 영토분쟁은 패권주의의 또 다른 모습이지.

앞에서 중화주의에 대해 살펴봤었지? 최근 중국은 여기에서 한 걸음 더 나아가 '신중화주의'를 추진하고 있어. 이 신중화주의가 패권주의와 크게 다르지 않아.

중국 정부는 최근 들어 '중화민족 대가정'이란 용어를 심심찮게 사용하고 있어. 중화민족이 거대한 가정을 이뤄 잘 살아보자는 뜻인데, 얼핏 보면 크게 흠잡을 일은 아닌 것 같지? 자기들끼리 잘 살아보자는 것처럼 보이지? 아니야! 이 말을 뜯어보면 신중화주의가 숨어있다는 사실을 알게 될 거야.

우선 중화민족부터 살펴볼게. 중화민족이 도대체 어디에 살던 민족이지? 역사적으로 중국은 한족 왕조와 이민족 왕조가 번갈아가며 지배해 왔어. 그 어느 시기에도 중화민족이란 이름의 민족은 존재하지 않았어. 이는 중국 정부가 새로 만든 민족 개념일 뿐이야. 중국 정부는 중국 땅 안에 있는 모든 민족을 통틀어 중화민족이라 부르고 있어. 조선족을 포함해 여러 소수 민족이 있는데도, 모두 중화민족이라는 거야.

고대 중화주의(중화사상)에서 살짝 달라진 것 같지 않니? 그때는 자기들 한족만을 세계의 중심으로 봤어. 사방의 이민족은 모두 오랑캐로 보고, 정복의 대상으로 규정했지. 물론 중화주의에서도 오랑캐를 정복해 직·간접적으로 통치하면 중화세계에 포함된 걸로 보기는 했어. 중국 천자(황제)의 덕이 그들 오랑캐의 나라까지 퍼진다고 본 거지. 하지만 오랑캐를 자기들과 같은 민족이라고 생각하지는 않았어. 한족은 우월한 민족이요, 오랑캐 민족은 열등한 민족이라고 여겼지.

근대를 거쳐 현대로 접어들면서 중국 정부는 큰 숙제를 해결해야 했어. 중국은 대표적인 다문화 국가야. 50여 개가 넘는 민족들이 살고 있었어. 중국이 발전하려면 그 민족들을 하나로 통합해야 해. 중국 정부는 고민 끝에 중국이란 개념과 민족이란 개념을 합치기로 했어. 그렇게 해서 중화민족이란 정체불명의 민족이 탄생한 거란다.

　신중화주의는 바로 중화민족이 뭉쳐 강대한 중국을 만들자는 이념이야. '중화민족 대가정 만들기' 프로젝트가 바로 신중화주의를 달성하기 위한 사

업이란다. 얼핏 보면 패권주의처럼 느껴지지 않을 거야. 하지만 그들의 본심을 알게 되면 생각이 달라질 걸. 이해를 돕기 위해 이 프로젝트의 특징 몇 개만 요약해 볼게.

"첫째, 중화민족이 대단결해 부흥을 이뤄야 한다. 모든 소수민족은 서로 교류와 융합을 통해 중화민족으로 거듭난다. 그러니 분열은 안 된다. 소수민족의 독립은 절대 허용할 수 없다."

"둘째, 중화민족에 포함된 모든 민족의 역사는 곧 중국의 역사다. 그 소수민족의 영토 또한 중국의 영토다. 주변 국가들이 그 영토를 차지하고 있으면 되찾을 것이다."

"셋째, 중화민족의 완성을 위해 소수민족과 한족을 융합시켜야 한다. 이를 위해 소수민족 주거지에 한족을 집단 이주시킨다."

"넷째, 중화민족이 아닌 주변 국가는 중국 내부의 일에 간섭하지 마라. 소수민족의 자치 문제나 우리가 진행하는 고대사 연구에 개입하는 것은 내정 간섭이다."

소수민족에 대한 배려는 전혀 보이지 않아. 주변 국가와의 충돌도 마다치 않겠다고 선언했어. 만약 주변 국가가 중국의 앞을 가로막는다면? 그럼 가만히 두지 않겠다는 엄포가 담겨 있어. 힘으로 제압하겠다는 뜻이지. 왜 신중화주의가 패권주의로 연결되는지 알 수 있겠지?

동북공정 또한 신중화주의를 완성하기 위해 등장한 프로젝트야. 중국 동북지구에는 조선족들이 많이 살고 있어. 그들은 한반도에 뿌리를 두고 있는, 우리와 같은 민족이야. 남북통일을 이룩하면 그들의 상당수가 한반도로 넘어올 수도 있어. 만약 그렇게 되면 신중화주의가 꽤 큰 타격을 입을 거야.

이제 알겠니? 중국이 무엇을 두려워하는지? 중국은 한반도의 통일 이후가 두려운 거야. 우리가 더 강력한 단일 국가가 된다면 조선족 문제, 영토 문제가 새로운 이슈로 떠오를 수도 있어. 고조선과 고구려가 개척한 만주 지방을 되찾자는 민족 운동이 일어날 수도 있지. 그러니 중국은 고구려를 중국의 지방 정권이라고 끝까지 억지를 부리는 거야. 그래야 신중화주의가 탈 없이 진행되니까!

중국은 별 죄책감이 없는 것 같아. 왜? 중국의 중흥을 위해서는 반드시 넘어야 할 산이니까! 사실 동북공정이 중국 역사 왜곡의 처음이 아니야. 중국은 이미 서남지역과 서북지역에 대해서도 같은 작업을 하고 있어. 그 프로젝트 이름은 서남공정과 서북공정이지.

공산주의의 몰락과 함께 소련이 사라진 지금, 중국은 미국과 더불어 세계 최고의 강대국으로 성장했어. 그런 중국이 갈수록 패권주의에 휩싸여 막 나가는 형국이야. 주변 국가들은 아예 안중에도 없어. 그러다 보니 영토분쟁도 더 잦아지고 있고, 동북아시아에 팽팽한 긴장감이 감돌고 있어.

게다가 일본에서는 극우주의자들이 점점 목소리를 높이고 있어. 군국주의자들도 '강력한 일본'을 주장하며 단체행동을 하고 있어. 보수적이며 극우적인 정치인이 등장하면서 일본도 엇나갈 우려가 있어.

일본은 자국의 안보를 위해서라며 군대를 증강시키고 있어. 이런 행동은 한국은 물론 중국까지 자극하는 위험한 짓이야. 하지만 일본의 극우 정부는 개의치 않아. 왜? 지지자들이 원하니까!

미국도 그런 일본에 대해 싫은 소리를 많이 하지 않는 분위기야. 왜? 일본이 중국을 견제해 주고 있으니까! 중국은 패권주의로 무장해 세력을 키우려 하고 있지? 동북아시아 일대를 장악하려 하지? 그런 중국을 일본이 견제해 준다면? 미국 또한 여전히 패권주의를 버리지 않았어. 그러니 미국은 일본을 지지하는 거란다. 대신 싸워주는 셈이잖아?

지금 동북아시아는 19, 20세기 때와 많이 닮았다는 분석이 나오고 있어. 서로 세력을 확장하려는 일본과 중국, 러시아 등이 다시 격돌하고 있기 때문이지. 당분간 이 군국주의와 패권주의는 큰 위협이 될 것으로 보여.

물론 우리 정부는 의연하게 대처해야 할 거야. 미국과도 동맹 관계를 유지해야 하지만 중국과도 가깝게 지내야 해. 일본에 대해서는 위안부 문제나 독도 문제 등 풀어야 할 게 많지만 그래도 완전히 등을 돌려서는 안 되겠지.

무엇보다 가장 중요한 점은 우리도 힘을 길러야 한다는 거야. 경제나 군사, 모든 분야에서 우리의 힘이 강하다면 강대국들도 무시할 수 없겠지.

오토 폰 비스마르크

1862년 프로이센의 총리에 오른 정치인. 그의 '철혈정책'은 군국주의 대명사로 꼽힌다. 프로이센은 게르만족 국가였지만 게르만족의 리더는 오스트리아였다. 프로이센은 작은 나라에 불과했다. 비스마르크는 그런 프로이센을 강대국으로 만들고, 게르만족의 통일 제국을 건설하는 주역으로 키우려면 철과 피를 통해서만 가능하다고 주장했다. 철은 무기, 피는 군대를 말한다. 즉, 군사력을 강화시켜 무력으로 독일을 통일해야 한다는 뜻이다. 이 철혈정책에 따라 프로이센에서는 민주주의가 자취를 감췄다. 강압적인 통치를 통해 프로이센은 마침내 통일 독일 제국을 건설하는 데 성공한다.

만주사변, 중일전쟁, 태평양전쟁

제2차 세계대전이 발발할 무렵 일본이 아시아에서 일으킨 대규모 전쟁들이다. 만주사변은 1931년 9월 18일 터졌다. 일본 관동군이 만주의 철도 폭파 사건을 조작한 뒤 이를 핑계로 침략했다. 이후 일본은 만주국을 세웠다. 국제연맹은 일본이 부당한 공격을 했으니 철수하라고 했지만, 일본은 듣지 않고 국제연맹을 탈퇴했다. 1937년 7월 7일, 일본 관동군이 또다시 자작극을 벌여 중국을 침략했다. 이때부터 일본이 패망하는 1945년까지 중국에서 계속된 전쟁이 중일전쟁이다. 1941년 12월 7일, 일본이 진주만에 있는 미국 함대를 기습 공격했다. 이때부터 태평양 지역에서 벌어진 전쟁이 태평양전쟁이다.

개념정리 알찬복습

수토정책군국주의: 군대의 힘에 의지해 나라를 부강하게 하려는 이념. 정치, 경제, 사회, 문화 등 나라의 모든 분야에 상명하복의 군대문화를 강요한다. 외부 국가와 민족을 폭력적으로 제압하려고 하는 경향이 강하다.

폴리스: 고대 그리스의 도시국가. 대표적인 폴리스로는 아테네와 스파르타가 있다.

리쿠르고스 체제: 페르시아 전쟁(기원전 492~기원전 448년)
　　　　　　　　　　 펠로폰네소스 전쟁(기원전 431~기원전 404년)

쇼군: 일본 막부(바쿠후)의 최고 권력자. 왕(일본에서는 천황이라 불렀다)의 권력은 약했고, 실질적인 1인자는 쇼군이었다.

메이지 유신: 1868년 일본 최후의 막부인 에도 막부가 해체되고 메이지 왕이 들어서면서 시행한 개혁을 총칭하는 말.

냉전: 제2차 세계대전이 끝난 이후 미국과 소련을 중심으로 자유진영과 공산진영이 대립한 사건. 직접 전투가 일어나지 않아서 이런 말이 붙었다.

패권주의: 강한 국가가 약한 국가를 힘으로 억압하는 것. 대외적으로 팽창정책으로 나타나는 경우가 많다. 요즘에는 중국과 일본의 패권주의를 비판하는 목소리가 높다.

6장

세계의 영토분쟁과
자원전쟁

도와주세요

통박사님 덕분에 제가 독도 박사가 된 기분이에요. 그런데 아직 말씀해주시지 않은 게 있어요. 일본이 왜 그토록 독도에 욕심을 내는지, 그 이유를 확실히 모르겠어요. 솔직히 독도는 작은 섬이잖아요. 독도를 포기하는 대신 다른 걸 요구하는 게 더 실리적인 거 아닌가요? 뭐, 그렇다고 해서 우리가 독도를 포기하자는 건 아니에요. 그건 절대로 안 될 말이죠. 다만 궁금해서 그래요. 이 궁금증을 풀어주세요. 네?

통박사의 어드바이스

대한민국의 주권은 국민에게 있어. 주권은 영토가 있어야 존재하지. 영토가 없다면 주권은 없는 거야. 일제 강점기를 떠올려봐. 우리에게 주권이 있었니? 영토를 빼앗겼으니 당연히 주권이 없었어. 비록 독도가 돌로 된 섬이라고 하나 분명한 우리의 영토야. 그러니 독도를 지키는 것은 우리의 의무가 되지. 국제정치는 냉혹하다는 점을 알아둬야 해. 일본은 외교나 협상 등의 모든 수단을 동원해 국제관계를 자기들에게 유리하게 만들려고 하고 있어. 독도가 분쟁 지역이란 이미지를 만드는 것도 그 전략 중 하나라. 왜 일본이 독도를 노리고 있냐고 물었지? 21세기는 자원전쟁의 시대야. 독도는 주변에 자원이 풍부하고 군사상 중요한 곳이야. 바로 그게 일본이 독도를 포기하지 않는 이유란다.

영토의 개념

"일본은 대한민국 영토를 침범하지 마라! 침략의 야욕을 버려라!"

요즘도 서울 광화문에 가면 일본의 독도 침탈을 비판하는 시위가 종종 열려. 이 구호는 지당한 말씀이야. 그런데 '영토'가 정확하게 무엇을 의미하는지 생각해 봤니? 영토의 개념을 명확하게 알아야 일본의 침략 야욕도 비판할 거 아니겠어?

국제 사회란 말을 들어봤지? 이 지구 위에는 대한민국 외에도 수많은 나라가 있어. 그 나라들이 모여서 국제 사회를 구성하고 있어. 모든 국가는 자신만의 영토 외에 '영해'와 '영공'도 가지고 있어. 익혀야 할 개념이 더 늘어났지?

영토와 영해, 영공의 개념은 국제 사회에서 통용되는 '국제법'에도 들어 있어. 보통 국제법은 이 세 개념을 '국가의 영역'으로 보고, 나머지를 국가들이 공유하는 개념으로 본단다.

그러니 독도가 우리 영토라고 주장하려면, 우선 영토의 개념부터 익히는 게 순서야. 영해와 영공의 개념도 더불어 알아두는 게 좋아. 그래야 독도가 자기들 영토라는 일본의 주장이 얼마나 터무니없는지 알 수 있지. 또한, 동북공정을 추진하며 고구려 역사를 자기들 역사라고 주장하는 중국에도 맞서 싸울 수 있는 거야. 자, 그럼 시작해 볼까?

일반적으로 영토라고 하면 땅으로 돼 있는 영역을 가리켜. 우리나라의 예를 들자면 한반도와 그에 딸린 섬이 영토가 되는 거지. 때로는 영해와 영공을 모두 합해 영토라고 부르기도 해.

영토는 그 나라의 주권이 미치는 지역이야. 대한민국의 통치력이 미치는 곳이 바로 대한민국의 영토가 되는 거지. 쉽게 말하자면, 한반도의 영토에서는 대한민국의 법이 적용된다는 거야. 지극히 당연한 이야기지?

우리나라의 영토와 다른 나라의 영토를 나누는 경계를 '국경'이라고 해. 일본과는 바다가 국경이 되고, 북한과는 휴전선이 국경이 되는 거지. 북한과 우리가 같은 민족이라서 한 나라라고 생각한다면, 백두산이 중국과 우리 민족의 국경이 되겠지?

마지막으로 퀴즈 하나.

세계에서 가장 영토가 넓은 나라는 어디일까? 중국? 러시아? 미국? 캐나다? 오스트레일리아? 정답은 러시아야. 반대로 가장 영토가 작은 나라는? 교황이 머물고 있는 바티칸 시국이란다.

영해는 그 국가의 바다를 말해. 보통 영토로부터 12해리(약 22㎞)까지를 영해로 규정한단다. 영해는 국제법상 엄연히 그 나라의 통치권이 미치는 바다야. 우리나라의 예를 들어볼까?

대한민국 영토에서 12해리까지는 대한민국의 통치권이 미치니, 다른 나라의 배가 와서 함부로 고기를 잡으면 안 돼. 울릉도와 독도 주변에서 석유가 펑펑 쏟아진다고 해 봐. 이 석유는 당연히 대한민국의 자원이 되지. 물론 해안선에서 그렇게 가까운 바다에서 석유가 펑펑 나올 확률은 아주 낮지만.

영해는 해안선에서부터 12해리라고 했지? 그렇다면 육지와 섬이 멀찍이 떨어져 있는 나라는 어떻게 될까? 만약 육지와 섬의 거리가 12해리를 넘는다면? 이런 때 영해가 섬에 닿기도 전에 끊어져 버려. 굳이 다른 나라 사례를 찾을 필요도 없어. 우리 동해안이 이런 형태야.

울릉도에서 가장 가까운 동해안의 육지는 경상북도 울진군 죽변면이야. 총 거리 133.3km, 그러니까 약 72해리가 돼. 죽변면에서 동쪽으로 12해리까지, 울릉도에서 서쪽으로 12해리까지는 영해가 맞아. 그렇다면 그 사이에 있는 48해리는 어떻게 되는 걸까?

난감해졌어? 물론 이 문제를 해결할 방법이 있으니 걱정할 건 없어. 일단 '접속수역'의 개념을 추가로 더 알아볼까?

접속수역은 영해는 아니지만, 영해처럼 우리나라의 법을 그대로 적용할 수 있는 바다야. 완벽하게 우리 주권을 행사할 수는 없지만, 그래도 국내법이 적용된다는 뜻이지. 보통 영해의 두 배 거리인 24해리까지를 접속수역으로 설정해. 우리 정부는 접속수역을 항해하는 배들에 대해 단속과 검사를 모두 할 수 있어.

하지만 이 경우에도 문제가 완전히 해결되지 않아. 죽변면에서 동쪽으로 24해리를 가고, 울릉도에서 서쪽으로 24해리를 가도 여전히 중간에는 '24해리의 숙제'가 남아있지. 이 문제는 또 어떻게 해결할까?

이 문제를 풀려면 또 하나의 개념을 알아야 해. 바로 '배타적경제수역

(EEZ)'이야. EEC는 'Exclusive Economic Zone'의 머리글자를 따서 만든 말이란다. 보통 해안선에서 200해리까지를 가리켜.

영해가 아닌 EEC는 어느 한 나라의 소유가 아니야. 국제적으로 누구나 사용할 수 있는 '공해'야. 영해가 아니니까 세계 어느 나라의 선박이든 항해할 수 있지. 하지만 자원을 탐사하거나 개발할 권리는 그 나라가 가져. 다시 말

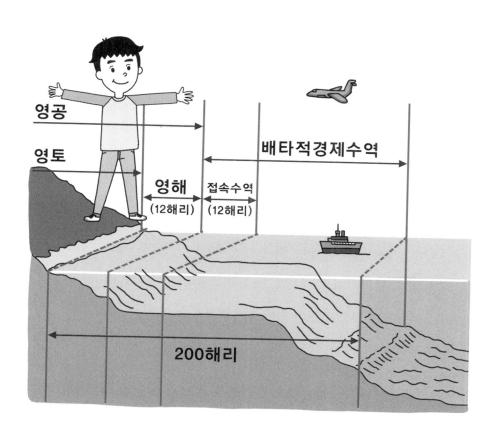

해 우리나라 해안선에서 200해리까지는 다른 나라가 자원을 탐사하거나 개발할 수 없다는 얘기야. 인공 시설도 설치할 수 없어. 그 모든 것은 우리만의 독점적이고 배타적인(Exclusive) 권리야.

자, 다시 처음으로 돌아가서….

경상북도 울진군 죽변면에서 12해리까지는 영해가 돼. 그 다음은? 배타적경제구역이 되겠지? 배타적경제구역을 좀 지나면 다시 영해를 만나겠지? 12해리를 더 가면 울릉도가 나올 거야. 이번엔 울릉도에서 동쪽으로 12해리를 가 볼까? 영해가 끊기고, 다시 배타적 경제구역이 나오지. 그리고 한참을 더 가면 독도를 만난단다. 이제 영해와 배타적경제수역의 의미를 확실히 이해했지?

하늘에도 주인이 있어. 그 나라의 주권이 미치는 하늘을 영공이라고 불러. 땅과 바다, 그러니까 영토와 영해의 하늘이 바로 영공이 되는 거야. 당연히 외국의 비행기가 우리 영공을 함부로 날아다닐 수 없어. 반드시 우리 정부의 허락을 얻어야 해.

만약 외국 전투기가 우리 영공을 허락도 없이 침범했어. 그렇다면 우리는 당장 영공을 떠나라고 경고할 거야. 말을 듣지 않는다면? 우선 대화를 통해 문제를 해결하려 할 거야. 그래도 말을 안 듣는다면? 우리 공군이 출동해서 그 전투기를 격추해도 잘못이 없어. 왜? 우리 하늘을 지켜야 하니까!

따라서 우리와 적대적인 국가의 하늘은 비행할 수가 없어. 백두산 근처에 있는 중국 땅에 여행을 간다고 가정해 봐. 북한 하늘을 지나면 1~2시간 만에 도착할 거야. 하지만 현재 북한과 우리는 휴전 상태야. 결코, 좋은 사이는 아니지. 그러니 비행기는 빙 돌아서 가야 해. 몇 배나 시간이 더 들겠지.

다른 나라의 영공을 이용하려면 '항공협정'을 체결해야 해. 현재 우리나라 국제공항을 이용하는 외국의 여객기는 모두 우리와 항공협정을 맺은 상태야. 그렇지 않았다면 우리나라 영공을 이용하지 못했겠지?

아르헨티나와 영국의 영토분쟁

영토의 개념을 확실히 이해했지? 그렇다면 남아메리카 아르헨티나 바닷가로 떠나볼까? 왜 그곳으로 가느냐고? 영토분쟁이 터진 현장을 직접 보기 위해서야. 앞으로 여러 지역의 영토분쟁을 살펴볼 건데, 누가 옳고 누가 그른지 한번 생각해 봐. 물론 정답은 없어. 그러니 더욱 신중하게 판단해야 해.

남아메리카 남동쪽에 있는, 세계에서 8번째로 면적이 넓은 나라. 바로 아르헨티나에 도착했어. 이제 아르헨티나 해안에서 남쪽으로 480여 km를 항해할 거야. 그러면 우리는 '포클랜드 제도'에 도착하게 돼. 포클랜드 제도는 두 개의 큰 섬과 그에 딸린 200여 개의 부속도서로 돼 있어.

1982년 4월 2일.

이 포클랜드 제도에서 아르헨티나와 영국이 전쟁을 벌였어. 영국으로부터 포클랜드 제도까지는 약 1만 3천여 km나 떨어져 있어. 그토록 먼 곳에 있는 영국이 왜 이곳에 와서 아르헨티나와 격돌했느냐고?

사실 이 포클랜드 제도는 영국의 영토란다. 아르헨티나에 가까운 땅이 왜 영국의 영토가 됐는지 이해가 가지 않지? 영토분쟁이란 게 대부분 그래. 도저히 이해할 수 없는 상황이 벌어지곤 하지. 복잡한 역사가 뒤엉겨있기 때문이야. 이 포클랜드 분쟁을 이해하려면 제국주의가 판치던 19세기로 거슬러 올라가야 한단다.

아르헨티나와 포클랜드는 모두 스페인의 식민지였어. 그러다가 아르헨티나가 1816년 스페인으로부터 독립했어. 아르헨티나는 포클랜드 제도도 자동으로 자기 영토가 됐다고 생각했지. 아르헨티나는 1820년부터 포클랜드의 '영유권'을 주장하면서 주민을 이주시켰어. 영유권은 영토를 관리할 권리를 말해. 영유권을 주장한다는 것은, 그 땅이 자국의 영토라고 주장하는 것과 같아.

1833년 돌연 영국이 끼어들었어. 영국은 포클랜드 제도를 무력으로 차지하고는 해군 기지를 건설했어. 아르헨티나 주민은 모두 추방했어. 아르헨티나 정부가 황당했겠지? 하지만 이때 영국의 국력은 세계 최강이었어. 이제 갓 독립한 아르헨티나가 무력으로 이길 수 있는 상대가 아니었지. 그래도 아르헨티나는 줄기차게 외쳤어.

"아르헨티나가 포클랜드 제도의 영유권을 가지고 있다. 영국은 당장 물러가라!"

영국의 반응은 어땠을까? 한마디로 '무시'였어. 너희는 맘대로 떠들어라,

우리는 상관하지 않는다는 식이었지.

그 후로도 아르헨티나는 100년 넘게 포클랜드의 영유권을 주장했어. 그러자 영국은 1955년 국제사법재판소에 "이 문제를 해결해 주세요!"라며 제소했어. 아르헨티나는 국제사법재판소에 가는 걸 원치 않았어. 그 때문에 국제사법재판소는 이렇게 판결을 내렸어.

"영국과 아르헨티나, 두 나라 모두가 동의해서 국제사법재판소에 이 문제를 넘겨야 한다. 아르헨티나가 동의하지 않으므로 재판을 진행할 수 없다."

1981년 아르헨티나에 군사정권이 들어섰어. 군인이 정권을 잡았다는 뜻이야. 국민은 군사정권을 좋아하지 않아. 군사정권은 국민의 인기를 얻을 이벤트가 필요했어. 그때 떠오른 게 포클랜드 제도였어.

남미 포클랜드에는 수자원이 풍부해 영국과 아르헨티나가 자원전쟁을 벌였다.

'영국으로부터 포클랜드 제도를 빼앗으면 지지도가 크게 오를 거야. 이참에 영국에도 본때를 보여주는 게 좋겠어.'

1982년 4월 2일, 아르헨티나 군사정권은 2500여 명의 병력을 포클랜드 제도에 투입했어. 이렇게 해서 아르헨티나와 영국의 전쟁이 시작됐어. 이 전쟁이 바로 '포클랜드 전쟁'이야.

이때 포클랜드 제도에는 영국인 2천여 명이 살고 있었단다. 그동안 영국 주민이 많이 늘어난 거야. 하지만 영국 병사는 100명도 되지 않았어. 전투는 해보나 마나였어. 영국 병사들은 곧 항복하고 말았어. 영국 정부가 긴급 회의를 소집했어. 마거릿 대처 수상은 강경 대응을 주문했어.

"포클랜드 제도 일대에는 수산자원이 풍부합니다. 그보다 더 중요한 것은 원유가 매장돼 있을 가능성이 크다는 사실입니다. 남극과도 가까운 곳입니다. 남극 사업을 펼치려면 반드시 확보해야 할 곳입니다. 절대로 내어줘선 안 됩니다."

영국 정부는 우선 외교전부터 펼쳤어. 미국을 끌어들였고, 전쟁이 터진 다음 날에는 국제연합(UN) 안전보장이사회를 소집하도록 설득했어. 모든 게 영국의 계획대로 됐어.

4월 3일. 유엔 안보리는 아르헨티나에 철수 명령을 내렸어. 영국이 국제 사회의 지지를 얻었지? 영국 정부는 마음 놓고 함대와 대규모 병력을 포클랜드로 보냈어. 이때 보낸 함대만 100척이 넘었어. 초대형 항공모함도 여러 대 포함돼 있었단다. 탑승한 병력만 2만 7천여 명이었어. 정말 엄청난 규모지?

4월 5일. 영국의 함대가 포클랜드로 떠났어. 영국군은 20일 만에 포클랜드 섬의 부속도서인 사우스조지아 섬을 되찾았어. 5월에는 포클랜드 섬에 상륙해 전투를 벌였어.

6월 14일. 결국, 아르헨티나가 두 손을 들었어. 이렇게 해서 75일간의 전쟁은 끝이 났단다. 포클랜드 제도는 다시 영국의 영토가 됐어. 하지만 오늘날까지도 아르헨티나는 포클랜드 제도의 영유권을 주장하고 있어. 이 영토분쟁은 좀처럼 해결될 기미를 보이지 않고 있어.

이 포클랜드 전쟁은 영토분쟁이 전쟁으로 이어진 사례야. 영토분쟁은 육지에서도 일어나지만 이처럼 섬에서도 종종 일어난단다.

각국의 영토분쟁

현재 전 세계적으로 벌어지고 있는 영토분쟁은 일일이 셀 수 없을 정도야. 그 원인 또한 아주 다양해.

가령 인도와 파키스탄의 분쟁은 종교로 시작된 것이지만, 핵무기 경쟁을 벌일 정도로 위험한 지경까지 갔어. 원래 파키스탄은 인도에 속한 나라였어. 하지만 종교가 달랐어. 파키스탄은 이슬람교를 믿었고, 인도는 힌두교를 믿었지. 두 나라의 종교 갈등은 극에 달했어. 결국, 1947년 파키스탄이

인도로부터 독립했지만, 갈등은 해결되지 않았어.

중동 지역에서는 유대인과 아랍인의 분쟁이 심해. 1948년 유대인이 이스라엘을 세운 후로 양쪽은 극심한 갈등을 보여줬어. 중동의 아랍인들은 국가를 넘어 단결했고, 결국 이스라엘과의 전쟁에 돌입했지. 이렇게 해서 터진 전쟁이 이른바 '중동 전쟁'이야. 대규모 전쟁은 더는 터지지 않지만, 여전히 중동 지역은 화약고야. 언제 터질지 몰라 전 세계가 긴장하고 있지.

러시아와 중국 등 강대국들은 소수 민족이나 과거의 연방에 속했던 국가들을 억압하고 있어. 그 작은 나라들이 독립하려 하면 힘으로 억누르고 있지. 이 때문에 자치와 독립을 원하는 무장 세력이 도처에서 테러 활동을 저지르고 있어.

아프리카의 여러 나라도 영토분쟁으로 신음하고 있어. 여기에는 민족, 인종, 종교 등이 얽혀 있어 해결이 쉽지 않아. 19세기 이후 유럽 열강들은 아프리카를 자기들 마음대로 나눠 가졌어. 이 과정에서 민족과 인종, 종교를 모두 무시하고 국경을 그었단다. 그 부작용이 요즘에야 터져 나오는 거야.

이처럼 영토분쟁이 일어나는 원인은 다양하지만 모든 분쟁에 공통적인 원인이 있어. 포클랜드 전쟁에서 그 원인을 찾아볼까? 내부를 들여다보면 영국이 이 전쟁을 벌인 진짜 이유를 알 수 있어.

영국 정부는 포클랜드 전쟁 때 15억 달러를 썼어. 1980년대의 일이니까 요즘 물가로 환산하면 최소한 2~3조 원이나 돼. 어마어마한 돈을 써가면서까지 1만 3천여 km나 떨어진 이 포클랜드 제도를 빼앗으려고 욕심을 부린 이유가 뭘까? 땅이 탐나서? 약소국 아르헨티나가 덤볐으니 자존심이 상해서?

물론 그럴 수도 있어. 하지만 진짜 이유는 다른 데 있어. 영국이 이 제도를 버릴 수 없는 이유는 마거릿 대처의 말에 잘 나타나 있단다. 그 말을 다시 옮겨볼까?

"포클랜드 제도 일대에는 수산자원이 풍부합니다. 그보다 더 중요한 것은 원유가 매장돼 있을 가능성이 크다는 사실입니다. 남극과도 가까운 곳입니다. 남극 사업을 펼치려면 반드시 확보해야 할 곳입니다. 절대로 내어줘선 안 됩니다."

이제 이유를 알겠니? 영국이 포클랜드 제도를 버릴 수 없는 가장 큰 이유는 바로 자원 때문이었어! 미래에 자원은 한 나라의 운명을 좌우할 만큼 중요한 요소야. 그 때문에 강대국들은 저마다 많은 자원을 확보하려고 안달이 나 있지. 이런 현상을 요즘에는 '자원전쟁'이라 불러. 자원을 확보하기 위해서라면 실제로 전쟁도 마다치 않을 분위기야.

자원전쟁

바다에 매장돼 있는 자원 때문에 분쟁이 일어나고 있는 지역은 더 있어. 여러 곳이 있지만, 동아시아의 사례를 살펴볼게. 가장 긴장이 고조되고 있는 지역 중 하나가 '난사군도(남사군도)'야.

중국 남쪽 바다를 '남중국해'라고 불러. 남중국해의 남쪽에는 수십 개의 섬이 모여 있는데, 여기가 남사군도야. 이 남사군도를 둘러싸고 주변의 여러 나라가 영유권을 주장하고 있어.

사실 모호하기는 해. 남사군도 지도를 보면 "아, 정말 애매하네."란 말이 절로 나올 거야. 북쪽으로는 중국과 대만, 동쪽으로는 필리핀 영역인 파라완 섬과 보르네오 섬이 있지. 서쪽으로 얼마 못 가서 베트남이 있고, 남쪽으로는 브루나이가 있으며, 남서쪽으로는 말레이시아가 있단다.

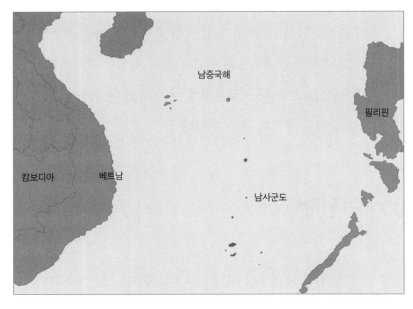

중국, 대만, 필리핀, 베트남, 브루나이, 말레이시아 한가운데에 남사군도가 있다.

자, 등장한 나라가 몇 개지? 중국, 대만, 필리핀, 베트남, 브루나이, 말레이시아 등 총 6개국이야. 모든 나라가 영해니 배타적경제수역이니 하면서 남사군도 영유권을 주장하고 있어. 그래서 이 지역은 동아시아의 대표적인 영토분쟁 지역으로 손꼽히고 있단다. 어느 나라가 옳은 거냐고? 똑 부러지게 말하기는 어려워. 여기에도 복잡한 역사가 숨어있단다.

제2차 세계대전이 일어나기 전, 베트남을 포함해 인도차이나 반도는 프랑스의 식민지였어. 원래는 중국의 식민지였는데, 프랑스가 빼앗아 간 거야. 제2차 세계대전이 터졌어. 일본이 인도차이나 반도를 점령했어. 그러니 남사군도도 일본의 바다가 됐지.

자, 전쟁이 끝났어. 패망한 일본은 더는 이 지역을 차지할 수 없어. 그러면 누가 남사군도의 주인이 될까? 베트남과 중국이 "내가 주인이다!"고 주장했어. 두 나라는 군대를 동원해서 싸우기도 했단다. 나중에는 필리핀도 군대를 파견했어. 말레이시아도 경제수역을 정하면서 이 싸움에 뛰어들었어.

사실 남사군도가 사람이 살기에 썩 좋은 곳은 아니야. 모든 섬과 주변 바다를 합쳐도 면적은 약 73만㎢밖에 되지 않는단다. 그 가운데 육지 면적만 놓고 보면 고작 2.1㎢ 정도에 불과해. 심지어 면적이 0.1㎢가 넘는 섬은 10개가 채 안 돼.

낚시꾼이 하루 이틀 머물면서 물고기나 잡는 장소라면 모를까. 실제로 거주하기에는 그다지 매력적이지 않지? 그런데 왜들 그렇게 욕심을 낼까? 눈

치챘어? 그래, 바로 자원 때문이야.

이 남사군도 일대에는 약 300억 톤의 석유가 매장돼 있는 것으로 추정되고 있단다. 미래자원으로 주목받고 있는 천연가스 매장량도 엄청나. 게다가 태평양, 인도양과 연결돼 있어서 세계 어디로든 뻗어 나갈 수 있는 교통의 요충지야. 물론 군사적 가치도 커.

바로 이런 점 때문에 6개국 중 그 누구도 이 지역을 포기하지 않으려는 거야. 한 나라 어선이 조업하면 다른 나라가 납치하는 사건이 종종 발생했어. 서로 군사 기지를 만드는 경쟁도 벌였고, 군대를 파견하기도 했어.

오늘날까지도 이 갈등은 계속되고 있어. 6개국 가운데 가장 목소리를 높이고 있는 나라는 어디일까? 패권주의로 무장해 세력을 확대하려는 나라, 그 목표를 위해 역사 왜곡도 스스럼없이 저지르는 나라. 그래, 바로 중국이야.

 중국과 일본의 조어도 분쟁

내친김에 중국이 영토분쟁을 벌이고 있는 다른 지역도 살펴볼까? 이번에는 중국 동남쪽의 바다로 갈 거야. 제주도에서 서남쪽으로 쭉 항해하다 보면 나타나는 바다지. 이 바다를 '동중국해'라고 불러.

이 동중국해에는 여러 섬이 모여 있는 군락 지대가 있어. 사람이 살지 않는 무인도가 8개가 있는데, 섬의 면적을 모두 합치면 $6km^2$ 정도야. 가장 큰 섬의 면적은 $4km^2$ 쯤 돼. 이 지역이 바로 '조어도 열도'야. 이 지역에서 중국과 일본이 서로 갈등을 벌이고 있단다.

조어도 열도는 타이완(대만)으로부터는 200여 km, 일본 오키나와로부터는 300여 km 떨어져 있어. 중국인들은 예로부터 '댜오위다오 열도'라고 불렀고, 일본인들은 '센카쿠 열도'라 불렀어. 그래서 이 지역의 분쟁은 '조어도 분쟁', '댜오위다오 분쟁', '센카쿠 분쟁' 등 여러 이름으로 부르고 있지.

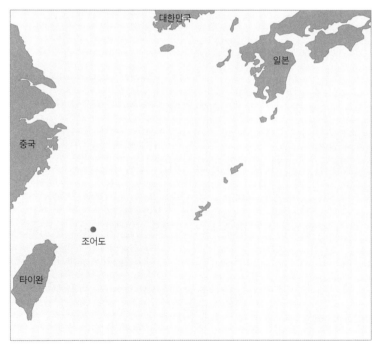

중국과 일본이 갈등을 벌이고 있는 조어도는 타이완과 일본 사이에 위치하고 있다.

이 지역은 군사적으로 아주 중요한 곳이야. 동시에 막대한 지하자원이 묻혀 있는 곳이기도 하지. 이곳을 장악해 자기 나라의 배타적경제수역으로 설정하면 그 자원을 모두 차지할 수 있어. 그러니 중국-대만-일본이 모두 달려들고 있는 거야.

현재 이 열도는 일본이 '실효지배'하고 있어. 실효지배란 그 땅을 실제로 관리하고 통치한다는 뜻이야. 하지만 중국은 일본의 주장을 받아들이지 않고 있어. 조어도 열도는 예로부터 중국의 영토였다는 거지. 어느 쪽의 말이 맞는 걸까? 두 나라 대표를 불러 가상 토론을 시켜볼까?

"명나라 이후부터 조어도 열도는 우리 중국이 관리해 왔다. 그런데 왜 일본은 자기들 땅이라고 우기는가?"(중국)

"청일전쟁이 끝난 1895년, 두 나라가 체결한 시모노세키 조약을 잊었는가? 제2조 3항을 다시 보라. 타이완과 그 주변의 섬을 모두 일본이 소유한다는 조항이 있다. 국제 조약을 통해 중국은 조어도 열도를 일본 땅으로 인정했다. 왜 지금 와서 딴소리를 하는가?"(일본)

"조약은 강제로 체결된 것이다. 전쟁을 일으킨 일본이 강압적으로 밀어붙였다는 사실을 모르는가? 따라서 그 조약은 무효다. 불법 조약에 따라 일본으로 넘어간 영토는 원래대로 중국으로 돌아오는 게 순리다."(중국)

"그건 억지다. 그 조약은 엄연한 국제조약이니 유효하다. 중국의 요구를 받아들일 수 없다."(일본)

"1945년 8월 일본이 패망했다. 그때 타이완은 일본으로부터 독립해 중국 일부가 됐다. 그렇다면 타이완에 딸린 다른 섬들도 당연히 중국에 반환되는 게 맞지 않겠는가? 조어도도 중국 일부가 돼야 한다."(중국)

"그 후 일본은 미군정의 지배를 받았다. 미군정은 조어도 열도를 일본의 영토로 인정했다. 1972년 발효된 오키나와 반환협정에도 '조어도 열도를 일본에 반환한다'는 조항이 있다. 국제 사회가 조어도 열도를 일본 영토로 인정한 것이다. 중국은 더는 억지를 부리지 마라."(일본)

중국이 좀 더 억울해 보이니? 청일전쟁 때 조어도 열도를 강탈당했잖아? 러일전쟁 직후에 독도를 불법으로 빼앗아 간 우리 역사와 비슷하지? 일본이 과거 역사를 반성한다면 당연히 조어도 열도를 중국에 돌려줘야 한다는 의견이 많단다.

하지만 이런 역사만으로 조어도 열도를 중국의 것이라 말하는 것도 옳지 않을 수 있어. 복잡하다고? 단순하면 지금까지 왜 분쟁을 하겠니? 복잡해도 너무 복잡하니까 해결이 안 되는 거지. 어쨌든 그 이유를 설명해 줄게.

독도는 역사적으로 우리의 땅이야. 여기까지는 조어도 열도와 비슷해. 다만 다른 점은, 독도를 우리가 실효지배하고 있지만, 조어도 열도는 중국이 아닌 일본이 실효지배를 하고 있다는 거야. 국제 사회도 일본의 실효지배를 인정하고 있어. 중국으로서는 큰 장애물이 버티고 있는 셈이지.

그래도 중국으로서는 결코 포기할 수 없는 지역이야. 1970년대 후반으로 접어들면서 두 나라의 갈등이 본격화했어.

1978년. 중국어선이 조어도 일대에서 조업을 했어. 그러자 일본 극우

단체 회원들이 이곳에 등대를 세웠어. 중국과 타이완은 즉각 항의 성명을 냈어. 다시 중국의 어선과 조사선이 조어도로 파견됐고, 일본은 경비정으로 이를 막았어.

21세기가 됐지만, 조어도 분쟁은 좀처럼 해결되지 않고 있어. 오히려 더욱 악화되고 있는 분위기야. 두 나라가 서로 전투를 벌일 지경까지 치닫기도 했단다. 2012년에는 일본이 조어도 일대 3개 섬을 사들이겠다고 밝혔고, 이에 중국이 강력히 반발하기도 했어. 두 나라의 싸움은 언제 끝이 날까?

중국과 한국의 이어도 분쟁

아주 먼 옛날.

제주도 사람들은 바다 저 멀리에 낙원의 섬이 있다고 믿었어. 그 섬을 제주 사람들은 이어도라고 불렀어. 고기잡이를 나갔다가 돌아오지 않은 남편과 아버지들은 모두 이어도에서 행복한 삶을 살고 있다고 믿었어.

사람들은 힘겨운 노동을 하면서 '이어도 타령'을 불렀어. 그래, 제주 사람들에게 이어도는 무릉도원과도 같은 존재였어. 각박한 현실에서 벗어나고 싶은 욕망을 담아 노래를 부른 거야.

하지만 그 섬이 어디 있는지는 아무도 알 수 없었어. 간혹 그 섬을 봤다는 사람은 있지만, 막상 가 보면 섬은 보이지 않았어. 비바람이 몰아치면 섬이 반짝 나타났다고 하는데, 맑은 날씨에는 또 보이지 않아. 그야말로 오리무중인 섬인 거지. 그렇게 이어도는 전설로 남게 됐어. 더불어 시간은 흐르고 흘러 어느덧 20세기로 접어들었어.

1900년 영국의 상선 소코트라 호가 제주도의 남서쪽에서 암초를 발견했어. 그 후 이 암초는 배의 이름을 따서 '소코트라 암초'라는 이름을 얻게 됐지. 그 후 영국 해군이 이 암초의 크기를 측량했는데, 대략 5.4m 정도였어.

그 후 한동안 이 암초는 잊혔어. 세계 대전이 잇달아 터졌기 때문이야. 뭐. 그렇다고 해서 완전히 잊힌 것은 아니야. 간간이 외국 선박의 보고서에 이 암초가 등장하거든.

1948년 대한민국 정부가 출범했어. 우리 정부는 이 암초에 큰 관심을 보였어. 학자들도 흥분했어. 이 암초가 제주도 전설에 등장하는 바로 그 이어도일 가능성이 크기 때문이야. 하지만 이때까지만 해도 중국이 이 암초에 관심을 보일 거라고는 생각하지 못했어. 우리가 순진했던 것일까?

1951년 한국 해군이 이어도 탐사에 나섰어. 하지만 높은 파도 탓에 탐사는 순조롭지 않았어. 대원들이 파도와 혈투를 벌이던 중이었어. 눈앞에 검은 바위가 나타났어. 이때 이 암초는 바닷속에 있었어. 대원들은 '대한민국 영토 이어도'란 표지판을 암초에 올려놓고 철수했단다.

이 탐사는 큰 의미가 있어. 이어도가 대한민국 영토라는 사실을 처음으로 입증했기 때문이지. 그 후 중국도 이어도 탐사를 벌이기 시작했어. 하지만 항상 대한민국의 움직임이 더 빨랐어.

1970년 우리 정부가 '해저광물자원 개발법'이란 것을 만들었어. 이 법에 따라 한반도의 서부와 남부 해안을 '광구'로 지정했는데, 이어도 일대는 제4광구가 됐어.

1984년 제주대학교 탐사대가 이어도의 정확한 위치를 확인하는 데 성공했어. 탐사대는 이어도를 '파랑도'라 부르기 시작했어. 이때부터 이어도의 공식 이름은 파랑도가 되지. 1986년에는 이어도의 수심을 측정했는데, 4.6m인 것으로 나타났어.

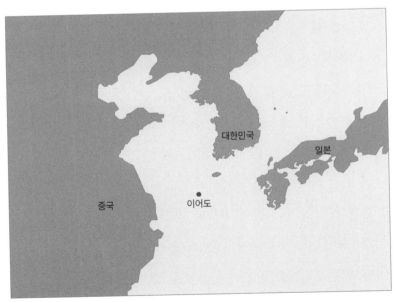

이어도에는 우리나라 해양과학기지가 있지만 중국이 중국 땅이라고 우기고 있다.

1987년 우리 정부가 이어도에 '등부표'를 세웠어. 등부표는 바다 위에 둥둥 뜨게 한 표식을 가리켜. 선박들이 항해 도중 이어도에 부딪혀 난파하지 말라는 뜻에서 만든 거지. 이 등부표를 우리 정부가 세웠다는 것 또한 의미가 있어. 국제적으로 "이어도는 한국 영토다!"라는 사실을 널리 알리기 때문이야.

1995년 정부는 이어도에 해양과학기지를 만들기로 했어. 사람이 사는 기지는 아니야. 기상을 관측하고 해양자원을 연구하기 위한 첨단 장비를 설치한 '무인기지'야. 이 기지 건설에 들어간 비용만 200억 원이 넘어. 이어도 해양과학기지는 2003년 6월 완공된단다. 현재도, 여기에서 측정된 각종 데이터는 하늘에 떠 있는 위성을 통해 기상청에 전달되고 있어.

여기까지가 이어도의 개괄적인 역사야. 누가 봐도 명백한 우리 영토지. 그런데 중국은 이어도를 자기들 땅이라고 우기고 있어. 이어도를 중국이 한국보다 먼저 발견했다는 거야! 우리 정부는 인정할 수 없다고 맞받아쳤어. 아주 먼 옛날부터 한국인들은 이어도의 존재를 알고 있었고, 역사적으로도 당연히 우리 땅이란 논리였지. 사실 빙하기 때만 해도 이어도는 제주도와 붙어 있었단다. 그 후에 분리됐던 거야.

마라도는 동중국해 북서쪽에 있어. 한국의 최남단인 마라도에서 이어도까지의 거리는 149㎞(약 80해리)야. 반면 중국의 가장 동쪽에 있는 섬인 퉁타오에서 이어도까지의 거리는 245㎞(약 132해리)이지. 한국에서 훨씬 가

깝지? 게다가 마라도엔 사람이 살지만, 퉁타오는 사람이 살지 않는 바위섬이란다. 위치상으로 봐도 한국 땅이 분명해. 또한, 이어도는 한국의 배타적 경제 수역 안에 있어. 누가 봐도 명백히 우리 땅인데, 중국은 무슨 근거로 이어도를 자기 땅이라고 하는 걸까?

배타적 경제 수역은 해안선으로부터 200해리야. 그런데 두 나라의 사이에 있는 바다가 매우 넓지 않다면? 유엔은 이럴 때를 대비해 규칙을 만들었어. 그게 바로 '중간선 원칙'이야.

"배타적 경제 수역이 겹치면, 중간 지점을 기준으로 삼는다."

이 기준에 따르면 두 나라의 연안으로부터 $197km$ 떨어진 곳이 중간 지점이 돼. 마라도에서 이어도까지는 $149km$라고 했지? 그러니 이어도는 당연히 한국의 영토가 되지. 어때? 이제 중국이 할 말이 없을 것 같지? 하지만 중국은 여기에 동의하지 않고 있어. 중국이 뭐라고 변명하는지 들어볼까?

"중국은 한국보다 인구도 많고, 해안선도 더 길다. 그러니 중간선 원칙은 옳지 않다. 중국의 '대륙붕'을 기준으로 해야 한다."

어렵다고? 당연히 그럴 거야. 말도 안 되는 편법을 내세워 이어도를 집어삼키려고 하는데, 어렵고 복잡할 수밖에.

대륙붕은 바다의 깊이가 200m에 이르는 곳을 가리켜. 중국은 해안이 아니라, 해안보다 한참 떨어진 대륙붕을 기준으로 배타적 경제수역을 결정해야 한다고 주장하는 거야. 이런 방식으로 계산하면 이어도가 중국의 영토가 될 수도 있거든.

통박사의 중학사회, 통으로 끝내기

하지만 이는 말도 안 되는 주장이야. 만약 중국의 주장을 받아들인다면 이어도 뿐 아니라 동중국해 대부분이 중국의 배타적 경제 수역이 된단다. 모든 것을 독차지하겠다는 '놀부 심보'가 아니고 뭐겠어?

이미 말했지만, 이어도는 바다에 잠겨 있는 4.6m 높이의 암초에 지나지 않아. 10m가 넘는 높은 파도가 쳐야 육안으로 볼 수 있지. 이런 암초 섬을, 왜 중국은 그토록 얻으려 하는 것일까?

우리 고대사를 제멋대로 왜곡하고 있는 중국은 영토분쟁을 가장 많이 일으키는 나라 중 하나야. 패권주의가 여기서도 그대로 드러나지. 이어도를 빼앗으려는 이유는 포클랜드 전쟁이 터진 것과 같아. 그래. 바로 자원 때문이야.

이어도 일대는 수산자원이 풍부한, 말 그대로 '황금어장'이야. 갈치를 비롯해 수많은 어종이 서식하고 있어. 단순히 수산 자원만 있는 게 아니야. 이어도 일대에는 막대한 양의 원유와 천연가스가 매장돼 있을 것으로 추정되고 있어. 어쩌면 중국이 노린 것은 이 지하자원 때문인지도 몰라.

그뿐이 아니야. 이 지역은 중국과 동남아시아, 유럽을 연결하는 바닷길이기도 해. 매년 수십만 척의 선박이 이곳을 지나간단다. 교통학적으로도 중요한 곳이란 얘기야.

21세기의 이후 미래는 자원을 많이 확보한 나라일수록 강대국으로 우뚝 설 수 있어. 갈수록 자원의 중요성은 커지고 있단다. 오늘날 중국은 미국과 더불어 최고의 강대국으로 손꼽히는 나라야. 중국은 앞으로도 세계 최강대국으로 남고 싶어 해. 그러니 더 많은 자원을 확보하려 할 테지. 당연히 영토분쟁은 피할 수 없어.

중국은 동북공정을 통해 고구려 역사를 강탈하려고 하고 있지? 한반도 남쪽에서는 이어도를 빼앗으려고 하고 있어. 중국은 이어도를 분쟁 지역으로 만들려고 하고 있어. 그래서 '이어도 분쟁'이라고 하지. 하지만 이어도는 명백한 우리 영토야. 그러니 분쟁이라는 단어를 써선 안 돼. 중국의 도발에 넘어가지 않도록 주의해야 해.

중국은 이어도가 한국 땅임을 아직도 인정하고 있지 않단다. 군함(순시선)을 파견하는가 하면, 이어도 일대를 '방공식별구역'에 포함하기도 했단다. 방공식별구역이란, 자기 나라의 안보를 위해 "이곳은 우리의 하늘이니 함부로 침입하지 마라!"고 선포하는 구역을 말해.

일본은 왜 독도를?

이제 일본이 독도에 집착하는 이유도 살펴볼까? 여러 이유가 있을 거야. 하지만 중요한 이유 중 하나가 바로 자원이야. 포클랜드 전쟁, 남사군도 분쟁, 조어도 분쟁의 가장 큰 이유가 자원이었지? 일본은 독도를 확보함으로써 자국의 해상 영토를 늘리고, 풍부한 해상 자원도 가로채려는 거란다.

물고기들이 떼를 지어 한 서식지에서 다른 서식지로 이동하는 걸 '회유'라고 해. 이런 물고기들을 '회유성 어종'이라고 부르지. 독도 주변 바다에서는 북쪽에서 내려온 한류와 남쪽에서 올라온 난류가 만난단다. 물고기들의 먹이인 플랑크톤이 아주 많아. 그러니 플랑크톤을 찾아 이동하는 대구, 송어, 연어와 같은 회유성 어종들이 풍부해.

독도 주변은 이보다 더 맑은 바다가 없을 정도로 깨끗한 '청정해역'이야. 회유성 어종 외에도 오징어, 명태가 특히 많이 잡혀. 겨울에는 오징어잡이 배들이 울릉도와 독도 일대를 가득 채울 정도야.

꽁치, 상어도 독도 일대에서 잘 잡혀. 바다 안쪽으로 들어가면 전복과 소라 같은 어패류도 많아. 물론 그물에 잡혀오는 다른 물고기들도 일일이 셀 수 없는 황금어장이야. 이 일대에서 벌어들이는 수산 자원 수익금만도 연간 수백억 원은 넘는단다.

독도는 군사적으로도 아주 중요한 곳이야. 사실 일본이 1905년에 독도를 강제로 빼앗은 것도 러일전쟁에서 승리하기 위해서였어. 러시아 태평양함대를 감시하기 위할 망루를 독도에 만들었잖아? '망루'는 감시탑을 말하는 거야. 그 덕분에 러시아 함대를 격파할 수 있었지.

요즘에는 전투가 발생하지 않지만, 그래도 독도의 중요성은 여전히 커. 다른 나라의 비행기나 선박이 동해안 주변에서 무슨 일을 하고 있는지 독도에서는 알 수 있어. 이런 업무를 위해 우리나라 정부는 독도에 방공레이더 기지를 운영하고 있단다.

예를 들어볼까? 만약 북한 공군기가 동해상에 나타났다고 해 봐. 독도에 있는 레이더 기지에서 가장 먼저 이 사실을 알 수 있겠지? 그러면 즉시 공군 본부와 국방부, 청와대 등에 보고할 수 있어. 그래, 대한민국의 안보를 위한 군사 활동에 이 독도가 꼭 필요한 거야.

1990년대 초반이었어. 러시아가 북한 청진항에서 동쪽으로 300㎞ 정도 떨어진 바다에 핵폐기물을 버린 적이 있었어. 우리나라는 물론 일본도 크게 화가 났지. 이런 일을 미연에 방지하려면 독도를 잘 활용해 다른 나라의 불법 행위를 감시해야겠지?

수산 자원이 풍부할 뿐 아니라 군사적으로도 아주 중요한 곳. 그게 바로 독도야. 하지만 독도의 중요성은 여기에서 끝나지 않아. 그것은 바로 천연가스야. '메탄 하이드레이트'라 부르는 천연가스가 독도 일대에 어마어마하게 묻혀있을 거라는 분석이 나오고 있거든. 바로 이 지하자원 때문에 일본이 독도를 포기하지 않고 있다고 말하는 전문가들도 많아.

메탄 하이드레이트는 미래의 에너지로 불린단다. 이미 1930년대에 이런 자원이 있다는 게 세상에 알려졌어. 하지만 그때만 해도 석유가 풍부했어. 굳이 막대한 돈과 노력을 퍼부어 새로운 자원을 개발할 필요가 없었지.

지금은 어때? 석유는 갈수록 부족해지고 있어. 게다가 석유를 태울 때 이산화탄소가 발생해 지구를 덥히고 있지. 새로운 청정에너지가 점점 더 필요해지고 있어. 그러니 메탄 하이드레이트가 주목을 받고 있는 거야.

메탄 하이드레이트의 매장량은 엄청나게 풍부한 것으로 알려졌어. 또한, 에너지를 사용할 때 발생하는 이산화탄소의 양이 석탄이나 석유의 절반밖에 되지 않아. 이뿐만이 아니야. 메탄 하이드레이트가 발굴되는 곳에서는 석유가 나올 가능성이 높아. 정말로 '로또'와 다름없는 에너지지?

얼마나 많은 양의 메탄 하이드레이트가 독도 부근에 묻혀있는지는 확실하지 않아. 전문가들은 땅속에 묻혀 있는 석탄이나 석유보다 2배 정도는 더 많은 하이드레이트가 독도 주변의 바다 밑에 묻혀 있을 것으로 보고 있단다. 굳이 추정치를 대자면 약 6억 톤 정도? 이 정도면 거의 무한대에 가까운 양이지.

일본은 이미 메탄 하이드레이트에 대한 시험 생산에 돌입하기도 했어. 물론 우리 정부도 손을 놓고 있는 것은 아니야. 이미 1970년대부터 동해 해저 탐사를 시작했단다. 대륙붕에 광구를 설치해 천연가스를 발견하기도 했어.

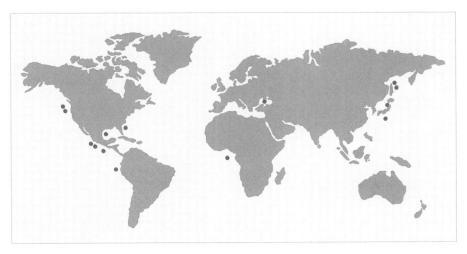

메탄 하이드레이트의 세계 분포도로 독도 근처에도 매장돼 있음을 알 수 있다.

2000년대 이후에는 연간 수억 원씩 투자해 동해안에서 메탄 하이드레이트가 함유된 층의 표본을 채취하고 있단다. 제대로 일이 진행만 된다면 2020년 이내에 독도 주변에서 메탄 하이드레이트를 펑펑 뽑아낼 수도 있을 거야.

많은 전문가가 바로 이 천연자원이 일본이 독도를 포기하지 않는 가장 큰 이유라고 분석한단다. 이 메탄 하이드레이트의 가치가 그렇게 크다면 우리로서도 절대 포기해선 안 되겠지? 미래의 자원을 확보하는 것은 대한민국의 미래에 중대한 요인이기 때문이야.

독도에 대해 하나 더 알아둬야 할 점이 있어. 독도가 분쟁지역이 아니란 점이야. 무슨 말이냐고? 국제적으로 논쟁이 되고 있는데, 왜 분쟁지역이 아니냐고?

네가 어렸을 때부터 사용하던 장난감이 있다고 가정해 봐. 중간에 이사도 하고, 공부도 하는 바람에 그 장난감을 꺼내 놀 여유가 없었어. 그런데 한 친구가 와서 그 장난감을 만지작거리며 놀더니 "주인이 없는 장난감이니 내가 가질 거야"라고 우기는 거야. 어이가 없지? 이런저런 사정 때문에 장난감을 잠시 내버려뒀을 뿐인데….

이 경우 서로 다투면 사람들은 '어? 정말로 누구 장난감이지?'라고 생각할 수도 있어. 일본도 그런 점을 노리는 거야. 국제정치를 악용하는 셈이지. 일단 독도가 분쟁지역이란 이미지를 국제사회에 심어준 뒤 외교나 협상 등의 방식으로 문제를 해결하려는 의도인 거야. 그러니 독도를 분쟁지역으로 표현하거나, '독도문제'라고 말하는 것도 가급적 자제해야 해. 독도에는 아무런 문제가 없어! 단지 일본이 집적대는 것일 뿐! 우리가 냉정을 잃지 말아야 할 이유란다. 물론 우리 땅이라고 해서 마음을 놓을 수는 없어. 독도에 대한 일본의 침략과 도발이 아직도 계속되고 있기 때문이야.

최초의 독도 주민

1999년 12월.

일본인 7명이 독도로 호적을 이전했다는 사실이 알려졌어. 이 말을 쉽게 풀어보면, 일본인 7명이 서류상의 주소를 독도로 옮겨놨다는 얘기야. 왜 일본이 이런 행동을 했을까? 그 이유는 명확해. 일본은 아마 이렇게 말하고 싶었을 거야.

"독도는 우리 일본의 영토다. 우리 영토에 호적을 이전하는 게 뭐가 문제인가? 이제 대한민국은 독도에서 손을 떼라."

정말로 얄밉고 괘씸한 일본이지? 남의 나라 영토에 멋대로 주소를 붙여 침략한 거잖아? 우리도 가만히 있을 수는 없지. 당연히 국내에서는 일본의 침략 행위를 내버려둬선 안 된다는 목소리가 커졌어. 바로 맞대응이 시작됐어.

한 달 후인 2000년 1월, 한국인 30가구 103명이 독도로 호적을 옮겼어. 이를 시작으로 해서 '독도로 호적 옮기기' 운동이 본격화했어. 이 운동은 현재까지도 이어지고 있단다. 2010년 이후까지 독도로 호적을 옮긴 한국인은 2천 명을 넘어섰어.

호적상 주민도 우리나라가 일본보다 훨씬 많지? 하지만 그들이 독도에 살고 있지는 않아. 사실 독도는 예로부터 사람이 살지 않는 무인도로 여겨져 왔어. 마실 물조차 구하기 힘든, 아주 팍팍한 곳이지.

그러나 전혀 사람이 살지 않는 것도 아니야. 독도에는 실제로 거주하고 있는 한국인 주민이 있단다. 이는 아주 중요한 포인트야. 왜냐고? 일본인은 독도에 전혀 살고 있지 않기 때문이야. 자기들 땅이라면서 정작 주민은 없는 셈이지.

일본은 예로부터 독도가 무인도라고 주장해 왔어. 무인도니까 섬의 주인이 없는 것이고, 따라서 그 섬을 자기들이 오래전부터 지배해왔다고 우기는 거지. 대한민국 정부가 들어선 이후에도 일본의 이런 주장은 달라지지 않았어. 독도의용수비대가 그 고생을 하며 독도를 지킨 것도 이런 까닭에서야. 우리 땅이니까 우리가 지킨다는 거지.

하지만 독도의용수비대원들을 독도의 주민이라 할 수는 없어. 진정한 독도 주민이라면 법적으로 독도에 주소를 두고, 그곳에 살고 있어야 해. 다시 말해 '주민등록상 실제 주거지'가 독도여야 한다는 얘기야. 우리는 그 요건을 갖추고 있어. 독도에서 실제로 살았거나 현재 사는 한국인 주민은 한두

명이 아니야.

최초의 독도 주민은 1981년 탄생했어. 이 1호 독도 주민의 이름은 최종덕이야. 울릉도 도동 어촌계에서 일하던 어민이었어. 1960년대부터 자주 독도에 들어가 어로 활동을 했지. 그는 독도가 우리 땅이라는 생각에 의심을 품어본 적이 단 한 번도 없었대. 일본이 독도를 자기들 땅이라 우기자 화가 치밀 수밖에. 그런데 일본이 1980년 들어 독도의 영유권을 다시 주장하는 게 아니겠어? 최종덕은 곰곰이 생각해 봤어.

'일본은 독도가 무인도라서 저렇게 영유권을 주장하는 거야. 대한민국 사람이 들어가서 살면 더는 영유권을 주장할 수 없을 거야. 내가 독도에 들어가 살면서 무인도가 아니란 사실을 증명하겠어.'

1981년 10월 14일.

최종덕이 마침내 독도로 이주했어. 물론 주민등록상 주소도 바꿨어. 그의 새집 주소는 '경상북도 울릉군 울릉읍 도동 산 67번지 독도의 서도 벼랑어귀'였어. 최초의 독도 주민은 이렇게 탄생한 거란다.

최종덕은 독도에 머물면서 많은 일을 했어. 서도 선착장에서부터 산으로 이어지는 계단도 그가 만든 거야. 독도를 위해 헌신하던 그는 1987년 9월 세상을 떠났단다.

독도 주민 2호는 누구일까? 조준기란 인물이야. 그는 최종덕의 사위였어. 조준기는 최종덕이 독도에서 고군분투하던 1986년 7월 8일 독도로 주소를 옮겼어. 조준기는 1994년 3월 강원도 동해시로 주소를 옮길 때까지 약 8년을 독도에서 살았어.

독도에서 태어난 아기도 있단다. 바로 조준기의 아들이야. 조준기는 독고에서 머무는 동안 두 명의 아들을 낳았어. 두 아들의 이름은 조강현과 조한별. 이들은 주민등록상으로 독도에서 태어난 첫 한국인인 셈이야.

그러고 보니 최종덕 가족의 독도 사랑이 대단하지? 무려 3대가 독도에 거주했고, 독도 주민이 됐잖아? 현재는 이 가족이 독도에 머물고 있지는 않아. 하지만 최종덕과 함께 독도에서 어로 활동을 했던 한 부부가 1991년 11월 이후부터 지금까지 살고 있어. 이 부부에 독도 등대원 2명을 합쳐 총 4명이 독도에 머물고 있단다.

일본은 독도에 대한 영유권을 계속 주장하고 있어. 영유권은 그 땅을 관리하는 권한을 말해. 쉽게 말해 일본은 독도가 일본 땅이니 자기들이 관리해야 한다고 우기는 거야. 하지만 이미 말했던 대로 독도에 사는 일본인 주민은 없어. 오직 한국인 주민만이 그곳을 삶의 터전으로 여기며 살아가고 있어. 더는 영유권 논쟁이 불필요한 이유야.

인도, 파키스탄, 방글라데시

1858년 영국이 인도 대륙을 직접 통치하기 시작했다. 영국은 식민통치를 수월하게 하기 위해 힌두교와 이슬람교도의 갈등을 조장했다. 제2차 세계대전이 끝나고 1947년 영국이 철수했다. 마침내 독립을 얻었지만 이슬람교도가 많은 인도 서북부와 동부 지역은 파키스탄으로 떨어져 나갔다.(동파키스탄과 서파키스탄) 이후 힌두교의 인도와 파키스탄은 갈등을 벌였고, 세 차례나 대형 전쟁을 치렀다. 1971년 인도는 동파키스탄을 부추겨 다시 독립하도록 했는데, 이렇게 해서 생긴 나라가 방글라데시다. 현재 인도 대륙은 인도, 파키스탄, 방글라데시로 나뉘어 있다.

중동전쟁

제2차 세계대전이 끝난 후 유엔은 중동 팔레스타인 지방에 유대인과 아랍인의 국가를 각각 세우도록 하는 결의안을 채택했다. 문제는 유대인의 영토가 비옥하지만 아랍인의 영토는 황무지와 비슷했다는 데 있다. 1948년 유대인이 이스라엘을 건국하자 아랍인들이 이스라엘을 침략했는데, 이게 중동전쟁이다. 아랍·이스라엘 분쟁이라고도 한다. 그 후 제2차(1956년), 제3차(1967년), 제4차(1973년) 중동전쟁이 터졌다. 1979년 이집트와 이스라엘이 평화조약을 체결함에 따라 일단 더는 전쟁이 일어나지 않았다. 하지만 아직도 이 지역에서 두 민족의 분쟁은 그치지 않고 있다.

개념정리 알찬복습

영토: 한 나라의 주권과 통치력이 미치는 지역. 작게는 육지만 말하고, 넓게는 바다(영해)와 하늘(영공)까지 포함한다.

접속수역: 영해(해안선에서 12해리까지)를 넘어서는 지역이지만 국내법이 적용되는 구간. 보통 24해리까지를 말한다.

배타적 경제 수역(EEZ): 국제적으로 누구나 사용할 수 있는 공해이지만, 자원을 독점적으로 탐사하거나 개발할 수 있는 구역. 보통 200해리까지를 말한다. 국가 간의 배타적 경제 수역이 겹치면 중간지점을 기준으로 삼는다.

항공협정: 다른 나라의 영공을 이용하기 위해 그 나라와 맺는 협정. 이 협정을 맺지 않으면 그 나라의 하늘을 비행할 수 없다.

영유권: 특정 영토를 관리할 수 있는 권한. 따라서 영유권을 주장하는 것은 그 영토가 자국의 땅이라고 말하는 것과 같다.

실효지배: 해당 영토를 실제로 관리하고 통치하고 있다는 뜻이다.

대륙붕: 바다의 깊이가 200m에 이르는 지점.

방공식별구역: 자국의 영공이기 때문에 다른 나라가 침범할 수 없다고 선포한 구간. 중국은 이어도 일대를 방공식별구역에 포함했다.

7장

통일 대박
이루려면

도와주세요

중국이 왜 고구려 역사를 왜곡하는지, 일본은 왜 독도를 그렇게 탐내는지, 그 이유를 알고 나니까 오히려 답답해요. 대한민국이 그렇게 힘이 없나요? 왜 우리 정부는 중국과 일본에 대해 강력하게 대처하지 못하는 거죠? 아무리 국제정치도 강대국 위주로 돌아간다고는 하지만, 너무 안일한 것 아닌가요? 답답하다 못해 화가 날 지경이에요. 지금이라도 남한과 북한이 똘똘 뭉쳐 공동으로 대응할 수는 없나요? 해법을 좀 주세요, 네? 통박사님ㅠ

통박사의 어드바이스

허허, 참. 어쩜 네 맘이 이 통박사와 이리도 같을까? 나도 답답하 단다. 유엔과 같은 국제간 기구에 공헌도 많이 하고, 강대국은 설 득하고, 중립적인 국가들에겐 제대로 설명하고…. 이런 국제정치 가 꼭 필요해. 사실 우리 정부가 전혀 아무 일도 하지 않는 건 아 니야. 나름대로 열심히는 하고 있단다. 우리 정부를 믿고 따라가 는 게 좋아. 그리고…. 해법에 대해 물었지? 있어! 그것도 아주 강 력한 해법! 바로 통일이야. 남과 북이 통일을 이루면 어마어마한 시너지 효과가 나타날 걸로 분석되고 있어. 국제정치에서도 목소 리를 높일 '강대국'이 될 수도 있어. 이런 이유 때문에 "통일은 대 박이다"는 말까지 나오는 거야. 물론 통일을 이뤄야 할 다른 이 유도 많아. 이 부분을 공부하면서 이 책을 마무리해 볼까?

🙂 해방과 남북의 분리

1945년 8월 15일.

전국적으로 만세 물결이 일었어. 민중들은 덩실덩실 춤을 추며 기쁨의 노래를 불렀어. 영문을 모르는 짐승들도 들까불며 좋아했지. 꿈에도 그리던 그날이 온 거야. 35년 만의 해방!

하지만 언제까지 기뻐하기만 할 수는 없어. 어수선한 치안도 다잡아야 하고, 일제의 잔재도 청산해야 하는 큰 숙제가 있잖아? 이 숙제를 해결하려면 빨리 우리의 정부를 만들어야 해.

다행히 민족 지도자 여운형이 1년 전부터 정부 구성을 준비하고 있었어. 그때 여운형이 만든 조직이 '건국동맹'이야. 이 조직을 만들면서 내건 강령(행동규약)을 볼까?

"조선의 자유와 독립을 위해 싸운다. 이념과 관계없이 대동단결해 일본제국주의를 몰아낸다."

이런 준비가 있었기에 여운형은 해방을 맞자 바로 건국동맹을 '건국준비위원회(건준)'로 확대할 수 있었지. 건국준비위원회에는 좌파와 우파 인사가 골고루 포진해 있었어.

건국준비위원회는 서울 종로에 본부를 뒀어. 전국에는 지부를 뒀는데, 한창 잘 나갈 때는 145곳이나 됐단다. 왕성하게 활동했다는 걸 알겠지? 건국준비위원회가 제대로 돌아가고 있으니 곧 우리 정부가 만들어질 것 같지?

허나 문제가 있었어. 위원회가 갈수록 좌파로 기우는 거야. 공산주의자들까지 가세했어. 반대로 우파 인사들은 위원회를 속속 탈퇴했어. 그래도 위원회는 꿋꿋하게 정부 구성을 추진했어.

9월 6일. 건국준비위원회가 서울에서 회의하고 정부 수립을 선포했어. 이 정부가 '조선인민공화국'이야. 어? 북한 정부와 이름이 같다고? 아니야. 나중에 북한에 들어서는 정부는 '조선민주주의인민공화국'이야. 이름은 비슷하지만, 엄연히 다른 정부지.

9월 7일. 새 정부를 이끌 지도자들이 선정됐어. 오늘날의 대통령과 비슷

1945년 8월 해방을 맞아 마포형무소 앞에서 시민들이 만세를 외치고 있는 모습이다.

한 주석은 이승만, 부주석은 여운형, 총리는 허헌이 맡게 됐지. 그 밖에도 55명의 대표위원을 선정했어. 드디어 한반도에도 공화국의 시대가 열리는 것일까?

아니야. 이승만은 주석 취임을 거절했어. 다른 우파 인사들도 새 정부에서 일하지 않겠다고 선언했어. 지도자들이 모두 일하지 않겠다고 하니, 새 정부는 출발부터 삐걱거릴 수밖에 없었어. 여운형의 고민이 컸겠지?

9월 9일. 미국 극동아시아 사령관 더글라스 맥아더가 포고령 1호를 발표했어(사실 9월 초에 북위 38선을 경계로 남쪽에는 미군, 북쪽에는 소련군이 상륙했단다). 포고령의 내용을 요약하면 다음과 같아.

해방정국 당시 북한에서 조선인민군이 창설되는 모습이다.

"미군이 38도 이남의 조선 영토를 점령한다."

미국은 소련을 의식하고 있었어. 남한을 소련에게 내어주면 동아시아가 통째로 사회주의 지역으로 바뀔까 봐 우려하고 있었어. 그렇기에 맥아더는 좌파를 용납하지 않았어. 포고령에는 그런 뜻이 담겨 있었어. 아마도 이렇게 말하고 싶었던 게 아닐까?

"남한은 우리 미군이 점령하니, 좌파들은 날뛸 생각하지 마라!"

이로부터 미군의 통치, 즉 미군정이 시작됐어. 미군정은 조선인민공화국을 해체했어. 미국은 자기들의 입맛에 맞는 정부를 세울 생각이었어. 그건 소련도 마찬가지였어. 소련 또한 북한에서 공산정권을 세울 준비를 착착 하고 있었단다. 당시 상황을 두고 학자들은 이렇게 말해.

"아직 해방을 맞이하기 전인 1945년 2월. 얄타 회담이 열렸습니다. 강대국들은 한반도를 자기들끼리 나눠 통치하기로 결심했죠. 우리 민족의 의사는 물어보지도 않았습니다. 결국 오늘날 우리가 남과 북으로 분단된 건 강대국의 농간 때문이라고 할 수 있죠. 만약 미국과 소련이 주도권 다툼을 벌이지 않았다면? 오늘날의 한반도 지도는 많이 달라졌을 수 있습니다."

1945년 12월 27일.

미국과 영국, 소련의 외상(외무장관)이 소련 모스크바에 모였어. 제2차 세계대전이 끝났으니 논의할 게 많았겠지. 이 회담을 '모스크바 삼상회의'라고 해. 중요한 것은, 이 회담에서 한반도 문제가 논의됐다는 거야.

"한반도에 당장 정부를 세울 상황은 아닌 것 같습니다. 우선 임시정부를 세우기로 하고, 이를 지원하기 위해 미소공동위원회를 설치합시다. 한반도가 정상적으로 돌아갈 때까지 신탁통치하는 것도 고려해 봐야죠."

이 사실은 당장 국내에 알려졌어. 민족 지도자는 물론이고 일반 국민도 받아들일 수 없는 사안이었어. 전국적으로 신탁통치를 반대하는 목소리가 커졌어. 처음에는 북한에서도 신탁통치를 반대했어.

하지만 얼마 지나지 않아 북한과 좌파는 신탁통치를 찬성하기 시작했어. 소련의 압력이 있었기 때문이야.

"모스크바 삼상회의 결정에 따르지 않으면 앞으로 임시정부를 세울 때 끼워주지 않겠다!"

뭐, 꼭 이 협박 때문만은 아니야. 여러 복잡한 사안이 얽혀있어. 어쨌든 좌파는 곧 '찬탁' 운동을 벌였어. 남한의 대다수 민중과 우파는 '반탁' 운동을 벌였지. 해가 바뀌고 1946년이 됐지만 찬탁과 반탁의 대결은 더 심해졌어. 서로 충돌해 사상자를 내기도 했어. 정말 혼란스러운 시절이었지.

이러니 미국과 소련으로 구성된 미소공동위원회가 제 역할을 할 수가 있겠어? 몇 차례 회의가 열리긴 했어. 하지만 아무런 결실을 맺지 못했어.

1947년 8월말.

미소공동위원회가 사실상 해체됐어. 이제 남한과 북한은 완전히 제 갈 길을 가기 시작했어. 그래, 분단을 피할 수 없게 된 거야. 국제연합(유엔)도 남한과 북한에 "함께 총선거를 치르자"고 제안했지만 북한이 거절했어. 이쯤

되니 유엔도 별 수 없었어. 남한만 따로 선거를 치르기로 했어.

1948년 5월 10일. 남한에서만 선거가 치러졌어. 198명의 국회의원(나중에 제주도를 합쳐서 200명)을 선출했지.

5월 31일. 제헌국회가 열렸어. 제헌국회는 헌법을 만드는 국회란 뜻이야. 국회의원들이 모여 향후 대한민국의 뼈대가 될 헌법을 만들기 시작했어. 이

대한민국 정부가 수립된 후 국민축하 행사가 열리고 있다.

일을 주도한 국회의장은 이승만이었어.

7월 17일. 마침내 헌법이 만들어졌어. 이 날을 기념해 지금도 7월 17일을 '제헌절'이라 부르지. 이제 후속 조치들만 남았어. 대통령과 부통령을 뽑았고, 행정부를 출범시켰지. 초대 대통령에는 이승만이 선출됐단다.

8월 15일. 마침내 이승만 대통령이 대한민국 정부가 수립됐음을 전 세계에 선포했어. 우리나라에 세계가 인정한 첫 공화국 정부가 들어선 거야. 이 정부가 제1공화국이란다.

9월 9일. 이번엔 북한에도 정부가 들어섰어. 정식명칭은 조선민주주의인민공화국. 이제 남한에는 자유민주주의 정부가, 북한에는 사회주의 정부가 들어섰으니…. 분단은 피할 수 없게 됐어.

사회도 더욱 혼란스러워졌어. 이념 때문이었지. 서로가 서로를 잡아먹으려고 죽기 살기로 싸웠어. 남한의 좌파, 북한의 우파들은 각각 자기 정부에 반항하며 무장봉기를 하기도 했어. 사실 정치 수준도 아주 낮았어. 그러니 이 혼란을 잠재울 능력도 딱히 없었지. 그렇게 시간이 흘러갔어.

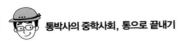 갈라져버린 한반도

1950년 6월 25일 새벽.

"쾅! 쾅!" "따따따. 따따따."

북한군의 기습 남침이 시작됐어. 38선 전역에서 북한군이 국군의 방어 기지를 공격했어. 서울 상공에는 북한 전투기가 출현했지. 이어 북한의 제1 군단이 서울로 진격했어. 그 뒤로 전차 여단과 기계화 여단이 움직였어. 무려 11만 명이 넘는 병력이었어.

모두 알고 있겠지만, 이렇게 해서 6·25 전쟁이 시작됐어. 그 전에도 38선 주변에서 작은 충돌이 있었어. 그러니 갑작스런 침략에 우리 정부는 물론 국제 사회도 당황했어. 미국이 즉각 유엔 안전보장이사회를 소집했어.

"유엔 안전보장이사회는 북한군이 철수할 것을 결의한다. 북한이 이 결의를 이행하지 않으면 우리는 대한민국을 적극 도울 것이다."

소련은 회의에 참석하지도 않았어. 결의를 따르지 않겠다는 뜻이지. 그럴 수밖에. 소련의 지원을 받고 북한이 남침한 것이거든. 당연히 북한도 유엔 안전보장이사회의 결의를 무시했어.

6월 27일.

유엔 안전보장이사회는 무력 대응을 결의했어. 미국을 중심으로 사령부를 구성했어. 연합군을 한반도에 파견하기로 했지. 총 16개국이 지원군을 보냈어.

이 와중에도 북한군은 거침없이 남하하고 있었어. 서울은 단 3일 만에 북한군의 수중에 떨어졌어. 남한 정부는 후퇴에 후퇴를 거듭해 부산까지 내려가 임시수도를 세웠지. 많은 젊은이들이 목숨을 걸고 북한군과 싸웠어. 심지어 학생들도 책을 내려놓고 총을 들었단다. 하지만 역부족이었어.

9월 15일 새벽 5시.

"쾅! 쾅!"

인천 월미도 앞바다에서 포성이 울려 퍼졌어. 유엔군 함대가 월미도의 북한군 기지를 향해 포탄을 쏘고 있는 거야. 포탄이 연거푸 떨어지자 북한군은 우왕좌왕했어. 가까스로 맞서 사격을 했지만 역부족이었지. 그 틈을 타서 오후 6시부터 국군과 유엔군이 월미도에 상륙했어.

북한군 기지에는 약 400명의 병사가 있었어. 그들은 함대에서 쏘아대는 포탄이며, 물밀 듯이 밀려오는 상륙부대의 사격에 정신을 차리지 못했어. 결국 항복할 수밖에 없었단다. 모든 작전은 2시간 만에 끝이 났어. 이 작전이 우리가 거둔 첫 승리야. 더불어 '인천상륙작전'의 신호탄이었지.

같은 날 오후 5시. 유엔군과 국군이 또 다른 상륙작전을 개시했어. 이번에는 인천! 일부는 인천항의 북쪽, 일부는 남쪽으로 상륙했어. 또 다른 부대는 월미도에서 인천으로 바로 진격했지. 그래, 본격적인 인천 탈환 작전이 시작된 거야.

6·25 당시 폐허가 된 서울의 모습이다.

인천 시내에서 치열한 시가전이 벌어졌어. 하지만 오래가지는 않았어. 유엔군과 국군이 워낙 강했기 때문이야. 북한군은 뒤로 슬금슬금 물러났어. 마침내 우리가 인천을 완전히 되찾았어.

1단계 월미도 탈환, 2단계 인천 탈환이 성공적으로 끝났어. 그럼 다음 목표는? 그래, 서울을 되찾는 거야! 국군과 유엔군은 서울로 진격했어. 북한군은 도망치느라 정신이 없었어. 국군과 유엔군은 거의 아무런 저항도 받지 않고 행군했단다.

인천상륙작전 당시 상륙하고 있는 유엔군과 국군의 모습이다.

9월 19일.

국군과 유엔군이 한강을 건너기 시작했어. 20일에는 대규모 부대가 다시 한강을 건넜어. 서울에서 시가전이 벌어졌어. 이미 북한군은 전투 의욕을 잃었어. 국군과 유엔군은 하늘을 찌를 기세로 북한군을 몰아붙였지.

9월 20일 정오.

마침내 서울에서 북한군을 완전히 내몰았어. 한국 해병대가 태극기를 중앙청에 게양했어. 약 4개월 만에 우리의 수도 서울을 되찾은 거야. 이보다 더 감격스런 순간이 있을까? 서울을 탈환함으로써 인천상륙작전은 완벽한 승리로 끝이 났단다.

이 작전의 승리로 주도권은 우리에게로 넘어왔어. 그 전까지는 우리가 부산까지 밀렸잖아? 하지만 상황이 확실히 달라졌어. 국군과 유엔군은 더욱 강하게 북한군을 밀어붙였어. 북진, 또 북진! 백두산까지 진격해 완전한 통일을 이루려는 목적이었지.

10월 20일 평양을 점령했어. 10월 26일에는 압록강까지 진격했어. 거침없는 행군이지? 곧 눈앞에 백두산 고지가 보였어. 저 백두산 고지만 점령하면…. 병사들은 통일 조국의 모습을 떠올리며 가슴 벅차 했어.

바로 그때였어. 여기저기서 함성과 함께 꽹과리와 징소리가 들려왔어. 우리 병사들은 당황했어. 얼핏 엄청난 대군이 몰려오는 기분이 들었기 때문이야. 이 느낌은 틀리지 않았어. 중공군(당시에는 중화인민공화국을 줄여 중공이라 불렀단다)이 개입한 거야. 무려 18만 명의 병력이었어. 어마어마한 숫자 때문에 이를 '인해전술'이라 부르지.

분통하지만 어쩔 수 없었어. 국군은 눈물을 머금고 철수 결정을 내렸지. 중국의 지원을 받은 북한이 이번엔 기세를 올렸어. 국군은 후퇴에 후퇴를 거듭했단다.

1951년 1월 14일.

국군은 수도 서울을 다시 내어주고 말았어. 이 사건을 '1.4 후퇴'라고 부르지. 하지만 이번엔 즉각 반격했단다. 3월 5일엔 다시 서울을 되찾았어. 이때부터 전쟁은 엎치락뒤치락하는 모양새가 됐어. 한 번은 국군이 승리하고,

6·25 전쟁이 터지자 피난민들은 줄을 지어 남쪽으로 떠났다.

또 한 번은 북한군이 승리하는 식이었어.

7월부터 휴전을 위한 협상이 시작됐어. 하지만 협상은 쉽게 끝나지 않았어. 몇 년간 지루하게 협상이 이어졌어.

1953년 7월 27일.

마침내 휴전협정이 조인됐어. 그래, 전쟁이 끝난 거야. '휴전'은 전쟁을 멈춘다는 뜻이야. 엄밀히 말하면 완전히 전쟁이 끝난 건 아니지. 그랬다면 '정전' 협정을 체결했을 거야. 어쨌든 휴전 협정이 조인됨으로써 3년에 걸친 전쟁은 일단락됐어.

국토는 완전히 황폐해졌어. 100만여 명이 목숨을 잃었고, 수십만 명이 가족을 잃었어. 전쟁이 남긴 상처는 그토록 컸어. 그리고 분단은 과거보다 더 확실해졌어. 그래, 분단이 '고착화'된 거야. 통일은 영영 불가능할 것처럼 여겨졌어.

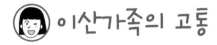 이산가족의 고통

1983년 6월 30일.

한국방송공사가 '누가 이 사람을 아시나요?'라는 프로그램을 밤 10시 15분에 내보냈어. 2시간짜리 생방송이었지. 제목에서 짐작했겠지만, 이산가족을 찾는 프로그램이었어. 시청자들의 반응은 폭발적이었어. 결국, 이 방송은

예정된 시간을 한참 넘기고서야 끝이 났단다.

다음날에도 이산가족들의 전화가 방송국에 폭주했어. 업무가 마비될 정도였어.

"전쟁 중에 잃어버린 동생을 찾습니다. 그때 나이는 8살이었고, 생김새는…."

"오빠를 찾아주세요. 피난 도중 오빠만 혼자 떨어졌어요. 고향은…."

"부모님을 찾습니다. 그때 제 나이 12살이었어요. 집에는 감나무가 있었고…."

가족을 잃은 아픔이 느껴지니? 그동안 정부도 나름대로 노력을 했겠지만, 잃어버린 가족을 찾는 행사는 거의 마련되지 않았었단다. 그런데 방송국이 가족을 찾아준다니, 전국의 이산가족이 관심을 둘 수밖에 없지 않겠어?

한국방송공사는 정규방송을 중단하고, 이산가족을 찾는 프로그램을 특별 편성했어. 닷새 동안 오로지 이 프로그램만 내보낸 거야. 출연하게 해 달라는 신청이 넘쳐났어. 방송 도중 혈육을 찾을 때는 이산가족은 물론 TV를 보던 시청자들도 펑펑 눈물을 흘렸지. 이 프로그램의 시청률은 최고 78%까지 올라갔어. TV를 보는 사람 10명 중 8명 정도가 이 프로그램을 봤다는 뜻이야. 이 기록은 그전에도, 그 후에도 깨지지 않았단다.

이때부터 11월 14일까지 136일간 이산가족 찾기 생방송이 나갔어. 출연 신청 건수만 10만 건을 넘었어. 5만 명 이상이 직접 방송에 출연했고, 그 가운데 1만여 가족이 혈육을 찾았어. 혈육을 상봉한 사람들의 기쁨은 이루 말할 수 없을 거야.

  하지만 혈육을 찾지 못한 사람이 훨씬 많았어. 그 사람들은 아예 한국방송공사 사옥 주변에서 살다시피 했어. 혹시나 잃어버린 가족을 찾을 수 있을까 하는 기대를 하면서 말이야. 건물 벽엔 빈틈을 찾을 수 없을 만큼 가족을 찾는 벽보가 빼곡하게 붙여졌어.

  이 방송을 보면서 많은 사람들이 이산가족의 아픔을 간접적으로 체험했어. 더 늦어지기 전에 정부가 그들의 고통을 치유해야 한다는 목소리가 커졌어. 또 북한에 남아있는 가족의 생사도 확인해야 해.

  정부가 움직이기 시작했어. 이 방송 덕분에 이산가족 문제를 해결하려는 정부의 의지가 더 강해졌다고 할 수 있겠지. 사실 이미 1970년대부터 대한적십자사를 중심으로 남북 이산가족 찾기를 추진하고 있었단다. 남북 적십자회담의 속도가 빨라졌어. 얼마 후, 마침내 결실이 맺어졌어.

이산가족찾기를 통해 많은 실향민이 가족을 만날 수 있었다.

1985년 9월 20일.
꿈에도 그리던 평화적 남북 교류

가 이뤄졌어! 남과 북이 각각 50명씩 고향방문단을 꾸려 판문점을 넘었어. '가라 북으로, 오라 남으로!'라는 구호가 현실이 된 거야. 모든 국민은 술렁거렸어. 평화 무드가 한껏 부풀자 통일을 기대하는 사람들도 있었어.

첫날 행사는 예술 공연단의 공연이었어. 북한의 공연단은 서울 중앙국립극장에서, 남한의 공연단은 평양 대극장에서 공연을 했어. 좋은 분위기를 해치지 않기 위해 공연에는 그 어떤 이념적 내용도 넣지 않았단다.

하루가 지났어. 기다리고 기다리던 이산가족 상봉 행사가 시작됐어. 서울과 평양의 호텔은 순식간에 눈물바다로 변했어. 그야말로 감동의 도가니였어. 수십 년간 생사조차 알 수 없었던 가족을 찾았으니…. TV를 지켜보던 시청자들도 눈물을 흘리지 않을 수 없었지.

이산가족 상봉은 21일과 22일, 단 이틀로 정해져 있었어. 그래도 북한을 찾은 남측 고향방문단 50명 중 35명이 가족을 찾았어. 북측 고향방문단은 30명이 남한에서 가족을 찾았지.

그러나 이 행사는 정기적으로 이뤄지지 않았어. 남과 북이 대치하고 있잖아? 그 후 15년이 지났지만 더는 이산가족 상봉 행사는 열리지 않았단다. 이산가족들은 억장이 무너졌어. 아무리 이념이 다르다 해도 이건 아니지! 인도주의가 필요한 상황이야.

다행히 남북 정부가 다시 평화를 논의하기 시작했어. 인도주의에 따라 이산가족 상봉 행사를 다시 열기로 했지.

2000년 8월 15일.

마침내 서울과 평양에서 제1차 이산가족 상봉 행사가 열렸어. 그 해 11월 30일에는 제2차 상봉이 이뤄졌고, 2001년 2월 26일에는 3차 상봉이 이뤄졌어. 이산가족 상봉은 그 후 정기적으로 진행됐어. 2014년 2월 현재, 총 18회의 상봉이 이뤄졌단다.

하지만 아직도 많은 이산가족이 혈육을 찾고 있어. 휴전선이 가로막고 있어 생사도 제대로 파악하지 못하고 있지. 통일이 꼭 필요한 이유 중 하나가 여기에 있어. 50년도 넘게 고통에 시달리고 있는 이산가족의 아픔을 덜어주려면 통일을 이뤄내는 수밖에 없어.

달라져 버린 남과 북

2003년 8월.

대구에서 유니버시아드 대회가 열리고 있었어. 유니버시아드는 대학생들이 참가하는 국제 스포츠대회야. 대학생들의 올림픽이라고 보면 크게 틀리지 않아. 젊은이들의 스포츠 축제인 셈이지.

이 대회에 북한도 선수와 응원단을 보냈어. 응원단은 대부분 20대 초반의 여성들로 구성됐는데, 모두 미녀였어. 당연히 크게 주목을 받았지. 신문과 방송에서도 연일 미녀 응원단의 응원 모습을 보여줄 정도였단다.

그러던 어느 날이었어. 여름비가 촉촉이 내리고 있었지. 북한 응원단은 양

궁 경기를 응원한 뒤 숙소로 돌아가고 있었어. 여기까지는 아무런 문제가 없었어. 그런데 고속도로 톨게이트 주변에서 응원단을 태운 버스가 갑자기 멈추는 게 아니겠어? 버스의 문이 열리고 응원단원들이 빗속으로 뛰어나왔어.

"우리 수령님이 이렇게 비 맞게 내버려 두면 어쩌라는 겁니까?"

"남조선 인민들. 너무 한 거 아닙니까?"

"엉엉. 수령님."

응원단원들은 펑펑 울기 시작했어. 도대체 이게 무슨 상황이지? TV를 지켜보던 사람들은 어안이 벙벙했어. 그녀들은 왜 그랬던 것일까? 사건의 전말을 알고 나면 헛웃음이 나와.

그녀들은 길가의 현수막을 보고 통곡을 했던 거야. 남한의 김대중 대통령과 북한의 김정일 위원장이 악수하는 사진이 현수막에 담겨 있었어. 그 현수막이 비에 젖어가고 있었어. 북한 여성들은 현수막 속의 김정일이 젖는다며 울고불고 난리를 친 거야. 그녀들은 현수막을 걷어 고이 모셔갔단다.

대한민국 국민은 그녀들의 이런 행동을 이해할 수 없어. 자기 나라 지도자의 사진이 비에 젖는다고 대성통곡을 하다니! 그 여성들이 진심으로 그런 것인지, 아니면 감시의 시선이 두려워서 거짓 행동을 한 것인지는 확실히 알 수 없어. 다만 대한민국과 북한 사람들의 정서가 많이 다르다는 것은, 이 하나의 해프닝만으로도 잘 알 수 있지.

이처럼 50년 넘게 분단이 굳어지면서 남한과 북한 사람들의 가치관이며 세계관, 정서가 크게 달라지고 있어. 한민족이라고 볼 수 없을 정도로 다른 생각, 다른 행동을 하는 거지.

아주 오랫동안 떨어져 있다 사람을 만났다고 가정해 봐. 그 사람을 얼른 알아볼 수 있을까? 아마도 힘들 거야. 그 사이에 그 사람은 이런저런 경험을 했고, 그러다 보니 생각도 다르고 말도 달라졌겠지. 남한과 북한이 딱 그런 경우야. 실제로 남북한의 언어생활도 이미 많이 달라져 있어. 일상적으로 쓰는 다음 문장을 봐.

"꼬부랑국수로 점심을 해결하고, 얼른 차마당에 차를 세운 뒤 축구경기장에 들어갔다. 마침 우리 편 선수가 벌차기를 하고 있었다."

"숙제검열이 끝나고 점심 식사 때 기름밥을 먹었다. 선생님이 예전에는 곽밥을 들고 다녔다고 했다."

"사탕가루가 많은 식품은 몸에 좋지 않다. 하루 세끼 번지지 않고 밥을 먹는 게 가장 좋다."

조금 어색하지? 북한에서 쓰는 단어들이 있어서 그래. '꼬부랑국수'는 '라면', '차마당'은 '주차장', '벌차기'는 '프리킥', '검열'은 '검사', '기름밥'은 '볶음밥', '곽밥'은 '도시락', '사탕가루'는 '설탕', '번지지 않고'는 '거르지 않고'로 바꿔 읽어봐. 그럼 이해가 갈 거야.

말이 달라지면, 같은 민족이라는 생각도 점점 옅어질 수밖에 없어. 서로 말이 통하지 않는데, 어떻게 한 민족이라고 할 수 있겠니? 북한 사투리와 남한 사투리가 달라서 그런 것 아니냐고?

물론 그런 측면도 있어. 하지만 점점 의사소통이 안 될 정도로 언어가 '이질화'되는 것은 분명한 사실이야. 요즘 북한의 언어도 공부해야 한다고 말하는 학자들이 많아. 이대로 가다가는 남북한의 언어가 아주 달라질까 봐 걱정돼서 그러는 거지. 통일이 꼭 필요한 이유, 이제 알 것 같지?

통일이 가져오는 이득

1999년 6월 15일.

서해 연평도 일대에서 포성이 울려 퍼졌어. 한국과 북한이 교전을 벌인 거야. 이게 제1차 서해교전이야. 1차 연평대전이라고도 불러.

북한 해군 경비정이 북방한계선(NLL)을 넘어온 게 문제였어. 북방한계선은 남북의 충돌을 막기 위해 1953년 지정된, 일종의 경계선이란다. 경계선을 넘어왔으니 우리 해군이 철수를 명령했어. 북한 경비정은 듣지 않았어. 오히려 기관포를 쏘아댔지.

이 전투로 우리 해군 7명이 다쳤어. 북한 병사는 20명 이상이 사망한 것으로 알려졌어.

6·25 전쟁이 끝난 지 45년이 지났어. 그런데 서로 포를 쏘며 실제 전쟁을 방불케 하는 전투를 벌인 거야. 물론 그전에도 북한의 잠수정이 몰래 침투하기도 했어. 간첩이 청와대를 습격해 대통령 목숨을 노린 적도 있지.

하지만 이처럼 전투가 벌어지지는 않았지.

2002년 6월 29일. 또다시 연평도 부근에서 양쪽 해군이 전투를 벌였어. 이게 2차 서해교전(2차 연평대전)이야. 이 전투에서는 우리 병사들도 6명이나 목숨을 잃었다. 부상당한 병사는 그보다 더 많은 19명이었어.

2009년 11월 10일. 북한 경비정이 서해 대청도 주변에 나타났어. 그래, 북한이 또다시 북방한계선을 침범한 거야. 당연히 우리 해군이 경고했어. 북한은 말을 듣지 않았어. 우리 해군이 경고사격을 했고, 북한 경비정의 일부가 파손됐어. 다행히 그 이상의 충돌은 발생하지 않았어. 이 전투가 3차 서해교전(대청해전)이란다.

이처럼 서해에는 늘 긴장이 감돌았어. 여러 차례의 전투가 발생했고, 때로는 사망자까지 생겼어. 우리 해군은 정신을 바짝 차리고, 서해를 경비했어. 밤이나 낮이나 함선에서 생활하며 경계를 늦추지 않았지. 그러다가 또 한 번의 비보가 날아들었어.

2010년 3월 26일.

TV를 보던 우리 국민은 믿지 못하겠다는 듯 입을 다물지 못했어. 서해 백령도 근처에서 우리 해군의 초계함인 '천안함'이 침몰했다는 거야. 초계함에 타고 있던 병사 40명은 사망했고, 6명은 실종됐다는 보도가 나왔어. 초계함은 해안을 돌며 경계근무를 서는 전함을 말해.

도대체 누가 천안함을 침몰시킨 것일까? 사고의 원인을 두고 여러 이야기가 나왔어. 해류 때문에? 천안함이 너무 낡아서? 이런저런 가설이 나왔지만 가장 유력한 것은 북한의 어뢰 공격이었어.

정부가 5개국의 전문가로 구성된 합동조사단을 만들었어. 본격적인 조사가 시작됐지. 사고가 발생하고 약 2개월이 지난 5월 20일이었어. 조사단은 공식적으로 이렇게 발표했어.

"천안함은 북한의 어뢰 공격으로 침몰했다!"

남과 북의 화해와 평화는 정말 가능한 것일까? 언제까지 우리는 서로에게 총을 겨눠야 할까? 아무리 군인이라 해도 전쟁 중도 아닌데 이처럼 억울하게 죽어야 한다니. 이게 비극이 아니고 뭐겠어? 하지만 북한은 그 후로도 미치광이와 다를 바 없이 행동했어.

2010년 11월 23일.

북한이 연평도에 포격을 가하기 시작했어. 무려 100여 발의 포탄이 민간인이 사는 마을에 떨어졌어. 이 포격으로 민간인 2명과 군인 2명이 사망했어.

정말 미치광이가 아니면 도저히 해서는 안 될 만행을, 북한은 서슴없이 저질렀어. 전쟁 중도 아니야. 심지어 전쟁 중이라 해도 마찬가지야. 군인들이 아닌 민간인 마을을 폭격하는 것은 있어서는 안 될 일이지. 국제사회는 북한을 일제히 비난했단다.

그 후로도 북한은 여러 차례 한국을 도발했어. 동해안으로 미사일을 발사하는가 하면, 서해안 일대에서 다시 포격 사건을 일으키기도 했지.

한반도가 통일되지 않으면 이런 갈등은 완전하게 없앨 수 없어. 북한의 도발에 맞서기 위해서는 막대한 돈을 무기와 군대에 투입해야 해. 그래, 국방비 부담이 많이 늘어나는 거야. 만약 그 돈을 경제나 문화 사업, 복지 사업에 쓴다면 훨씬 살기 좋은 대한민국이 될 텐데…. 안타까운 일이지.

문제는 또 있어. 이런 군사적 충돌이 생길 때마다 국제 사회는 한반도를 위험한 곳으로 인식하게 돼. 대한민국에 투자했다가 자칫 전쟁이 일어나 모든 것을 날려버릴 수 있다고 잘못 생각할 수도 있지.

자, 이런 상황을 가정해 봐. 툭하면 서해안에서 남북한이 교전을 벌여. 연일 뉴스에는 불안한 소식이 보도되겠지? 그러면 수많은 외국인 투자자와 기업들은 한국이 안전한 투자처가 아니라고 생각하고는, 한국 금융시장에 투자한 돈을 뺄 것이고, 그 돈을 다른 나라에 투자하겠지. 그 결과를 상상해 봐. 아마도 대한민국의 경제는 곤두박질할 거야.

자, 통일해야 할 이유가 한둘이 아니지? 이번에는 시야를 좀 더 키워서 국제적으로 볼까? 국제적으로도 한반도 통일은 꼭 필요하단다.

한국과 중국, 일본이 모여 있는 동북아시아는 21세기 들어 국가간 갈등이 급격하게 커진 지역 중 하나야.

중국은 "우리가 세계의 중심이다!"며 신중화주의를 내세우고 있어. 동북 공정과 같은 역사 왜곡을 일삼는가 하면 남사군도, 조어도에서는 영토분쟁을 벌이고 있지. 중국은 세력을 확대할 수 있다면 주변국과 갈등을 벌이는 것도 마다치 않고 있어.

이렇게 되자 일본이 바짝 긴장하고 있어. 일본 또한 세력의 확대를 꾀하고 있어. 우리 영토인 독도를 자기들 것이라 우기는 것도 그런 과정 중 하나지. 일본은 군사력도 증강하고 있어. 중국이 세력을 키우는 것이 걱정스러운 미국이 일본을 지원하고 있어. 그러다 보니 동북아시아에서 군사적 갈등이 커지고 있지.

여기에 한국과 중국, 한국과 일본, 중국과 일본 사이에 얽혀 있는 문제들이 다 다르니 동북아시아 상황은 점점 복잡해지고 있단다. 하지만 확실한 게 하나 있어. 바로 남북통일이야.

우리가 통일을 이뤄낸다면 이 복잡한 동북아시아 상황이 많이 정리될 수 있어. 통일한국의 국력은 지금보다 몇 배, 아니 몇 십 배 강할 것으로 추정되고 있어. 쉽게 말해 통일한국이 중국이나 일본과도 대등하게 맞설 수 있는 강국이 될 수 있다는 거야. 그러니 통일을 이뤄내야지!

 ## 통일을 위한 노력

2000년 6월 15일.

국민들의 시선은 모두 TV에 고정돼 있었어. 남북한 정상의 만남. 그리고 마침내 이뤄진 공동성명.

"통일 문제는 우리 민족이 자주적으로 해결한다. 남북한은 경제협력을 활성화하며 이산가족의 고향방문단을 교환한다. 그 밖에도 각종 교류를 늘려 나간다."

이게 그 유명한 '6·15 남북공동선언'이야. 이 선언이 있기 이틀 전인 6월 13일, 한국의 김대중 대통령이 평양의 공항에서 북한의 김정일 위원장과 만났어. 남북이 분단되고 난 후 처음으로 이뤄진 두 정상의 만남이었단다. 역사적인 순간이라고 할 수 있지.

이 정상회담이 열리기 1년 전까지만 해도 남북 관계는 냉랭했어. 그도 그럴 게 제1차 서해교전이 터진 게 1999년이었거든. 서로 교전을 벌일 정도로 관계가 악화해 있었는데 정상회담이 가당키나 하겠니? 하지만 한국 정부는 끝까지 북한을 설득해 평화 무드를 조성했어.

이 정상회담의 파장은 컸어. 남북 경제협력과 교류 사업이 착착 진행된 거야.

우선 북한의 개성 지구에 공단을 만드는 사업이 추진됐어. 한국은 자본과 기술을 대고, 북한은 사업부지와 인력을 대기로 했지. 6·15 남북공동선언이 발표되고 두 달여 지난 8월 9일, 한국의 현대 아산과 북한이 양해각서를 체결했단다. 이후 협력사업은 일사천리로 진행됐고, 2004년 마침내 개성공단(정식명칭은 개성 공업지구)이 완공됐어.

2004년 12월 처음으로 개성공단에서 만든 제품이 출시됐어. 그 후 개성공단은 남북 경제협력의 상징으로 주목받으며 성공 가도를 달렸어. 2010년 9월에는 10억 달러의 제품을 생산하기도 했단다.

하지만 늘 순탄했던 것만은 아니야. 북한 정부가 일방적으로 개성공단 중단을 선포할 때도 있었어. 공단이 가동되지 않으면 입주한 남한 업체 사람들만 속이 타지. 그래도 아직까지는 개성공단이 잘 유지되고 있어.

이 정상회담 이후 남북한 고향방문단 행사가 정례화한 것도 큰 수확이야. '정례화'는 정기적으로 일을 치른다는 뜻이야. 1985년에 딱 한 번 고향방문단 행사가 있었지? 하지만 더는 이산가족 상봉 행사는 치러지지 않았어. 무려 15년이 넘도록 말이야.

이 정상회담에서 이산가족의 고향방문 논의도 이뤄졌단다. 그 결과 2000년 8월 15일 서울과 평양에서 제1차 이산가족 상봉 행사가 열릴 수 있었던

개성공단의 현재 모습. 이 공단에서 만든 제품은 2004년 처음 출시됐다.

거야.

2007년 10월 2일.

북한 평양에서 제2차 남북정상회담이 열렸어. 이 회담을 통해 제1차 남북정상회담의 정신을 이어가고, 남북한의 협력을 더 강화하자고 약속했지.

남북한의 정상이 두 차례나 회담을 가졌다는 것은, 그만큼 통일이 중요하다는 간접 증거야. 이미 여러 차례 말했지만, 통일의 필요성을 분야별로 막바지 정리해 볼까?

첫째, 우리 민족의 사회문화 측면에서 통일은 한민족이란 '동질성'을 회복하기 위해 꼭 필요한 과제야.

오랜 분단으로 갈수록 멀어져가는 남북한의 언어, 문화, 정서를 언제까지 방치할 수 있을까? 이러다가 우린 두 민족이 돼 버리고 말 거야. 이산가족의 고통을 치유하는 것은 같은 민족으로서의 큰 숙제이지. 더불어 굶주리고 헐벗은 북한 동포들을 구해내기 위해서라도 통일은 필요해.

둘째, 군사와 국제정치 측면에서 통일은 한반도를 넘어 동북아시아의 평화를 위해서도 꼭 필요한 과제야.

남북한이 지금처럼 대치하는 한 한반도의 완전한 평화는 얻을 수 없어. 북한의 군사적 도발을 그냥 내버려둘 수도 없어. 그것에 대응하려면 우리도 군사력을 강화해야 해. 그러다 보면 군사적 충돌 가능성은 커지지. 또한, 현재의 동북아시아 갈등을 줄이기 위해서라도 통일한국은 필수적이야.

셋째, 경제나 복지 측면에서도 통일은 반드시 풀어야 할 과제란다.

북한의 군사적 도발에 맞서기 위해 국방에 투자하는 돈은 천문학적이야. 그 돈을 경제나 복지 사업에 투자한다면 대한민국이 도약할 수 있지 않을까? 또한, 남한보다 북한에 많은 지하자원을 더욱더 효율적으로 사용할 수 있을 거야. 그래서 통일을 이루면 '대박'이 터진다고 하는 거지.

자, 이제 왜 통일이 돼야 하는지는 더는 궁금증이 없지? 그렇다면 마지막으로 이것 하나만 생각해 보자고.

"우린 통일을 위해 어떤 노력을 하고 있을까?"

일단은, 남북한이 더는 멀어지지 않도록 끊임없이 교류하고 협력하는 자세가 필요할 거야. 개성공단 사업이 더 잘되도록 응원해야겠지? 이산가족들이 더 자유롭게 만날 수 있기를 기원하는 것도 잊어선 안 돼. 문화나 스포츠 분야에서 더 많은 교류를 하는 것도 필요해.

이런 남북한 교류 사업이 왜 필요한지는 이미 충분히 밝혔어. 하지만 일부, 그것도 아주 일부에서는 "왜 남북한이 꼭 하나가 돼야 해?"라며 따지는 사람도 있단다. 이런 사람들에게는 이른바 '통일의식'이 없어. 그러니 그런 억지 주장을 하는 거지.

통일되면 남북한 경제 격차가 꽤 클 거야. 정서도 많이 다르겠지. 따라서 통일에 대비해 여러 제도를 정비하려는 노력도 필요해. 물론 정치인과 학자, 전문가들이 이 일을 해 줘야겠지. 정상회담을 수시로 가져 중요한 사안을 논의하는 것도 필요해.

한창 자라나는 학생들에게 가장 시급한 것은 뭘까? 아마도 통일의식을 갖추려고 노력하는 자세일 거야. 청소년들이야말로 미래, 통일한국을 이끌어갈 주역이니까!

통일에 필요한 국제사회의 지지

통일을 앞당기려면 또 하나 알아둬야 할 게 있어. 바로 국제사회의 지지를 받는 거야. 북한이 도발했을 때 국제사회가 대한민국을 응원하고 도움을 줄 수 있도록 평소에 외교를 잘하는 게 필요하지. 그렇게 하려면 국제사회가 어떻게 구성되며, 어떤 시스템으로 작동하는지를 알아야겠지?

제2차 세계대전이 끝나고 난 후 전 세계에서 '경제 블록화' 현상이 많이 나타났어. 지리적, 문화적으로 비슷한 나라들끼리 단단한 '블록'을 구성하는 거야. 똘똘 뭉쳐 경제 위기를 극복하고 발전을 도모해 보자는 목적이지.

최근에는 경제 블록을 넘어 정치까지 통합하는 움직임도 강해. 대표적인 게 '유럽연합(EU)'이야. 유럽연합에는 유럽 국가 대부분이 회원으로 가입해 있어. 벨기에 브뤼셀에 수도까지 뒀고, 대통령이나 총리에 해당하는 집행위원장도 따로 선출했단다. 그야말로 '하나의 유럽'이 완성된 셈이야.

하지만 EU의 앞날도 꼭 순탄하지만은 않아. 블록처럼 뭉쳐 있으니 경제 위기가 닥치면 도미노처럼 무너질 수도 있어. 실제로 몇 번의 경제 위기를 겪으면서 유럽 전체가 휘청거리기도 했단다. 게다가 일부 국가에서는 선거가 치러질 때마다 "EU를 탈퇴하겠다!"는 공약이 등장하고 있어. '연합'에서 '개별' 국가로 돌아가겠다는 뜻이야.

이런 상황이니 EU 집행위원회가 유럽 전체의 중앙정부처럼 행세하는 게 쉽지 않아. 여전히 영국, 독일, 프랑스 등 강대국들이 EU를 뒤에서 조종하고 있다는 비판도 나오고 있지.

이 EU를 보면 국제사회의 속성을 알 수 있어. 비록 EU가 유럽 국가들만의 공동체이지만 국제사회의 특성을 그대로 보여주고 있거든. 그러니 EU의 모습을 통해 국제사회의 진짜 모습을 공부하는 것도 나쁜 방법은 아니야.

첫째, 중앙정부가 없어. 막강한 권력을 가진, 정부 역할을 할 기관이 존재하지 않는 거야. 그러니 국가 간의 문제가 생겼을 때 해결하기가 쉽지 않아. EU 집행위원장이 비록 EU의 대통령이지만 영국이나 프랑스, 독일에게 "유럽 경제가 힘들다. 세 나라는 유럽 발전을 위해 기금을 내놓아라!"고 요구할 수 없잖아? 세 나라가 그 말을 듣겠니?

물론 국제연합(UN)과 같은 국가들의 연합 기구가 있어. 세계 어느 곳에선가 분쟁이 터지면 국제연합은 총회를 열고 어떻게 대처할 것인가를 논의하지. 때로는 무력으로 대응하기로 결의하고 군대를 보내기도 해. 이 경우 유엔 회원국들이 병사를 보내 '유엔군'을 만들지.

유엔이 중앙정부의 역할을 하는 것 아니냐고? 그건 아니야. 사실 유엔에서도 미국을 비롯해 강대국의 목소리가 아주 커. 물론 유엔 총회가 열리면 회원국은 강대국이나 약소국이나에 상관없이 한 표씩만 행사할 수 있어. '1

국1표' 주의인 셈인데, 얼핏 보기에는 각 나라의 주권이 모두 평등하게 행사되는 것 같지?

하지만 유엔의 핵심 기구인 안전보장이사회의 상임이사국 현황을 보면 생각이 좀 달라질 거야. 안전보장이사회는 국제사회의 평화와 안보를 담당하는 기구야. 국제 분쟁이 발생하면 군대 파견을 결정하고, 침략국에 대해 즉각 철수를 명령할 수 있어.

이 안전보장이사회는 5개의 상임이사국과 10개의 비상임이사국을 회원으로 돼. 상임이사국은 일종의 평생회원이야. 미국, 영국, 프랑스, 러시아, 중국이 상임이사국이야. 모두 강대국이지? 10개의 비상임이사국은 2년마다 바뀌게 돼.

비상임이사국이 상임이사국을 견제할 수 있을까? 글쎄, 그럴 수도 있을 거야. 하지만 상임이사국은 비상임이사국이 못 가진 권한을 갖고 있어. 그게 '거부권'이야. 비상임이사국들이 뭔가를 결정해도 상임이사국이 거부하면 도로아미타불이 되는 셈이지. 뭐, 느끼는 점 없니?

그래, 국제사회의 두 번째 특징! 바로 사실상 '힘의 논리'로 움직인다는 거야. 국제법이 있으니 강대국이 마음대로 못 하는 거 아니냐고? 물론 강대국이 법을 전혀 이행하지 않거나 무시하지는 않아. 하지만 강대국에 유리하게 법이 작용하는 것 또한 사실이야. 게다가 이미 말했던 대로 중앙정부가 없어서 법을 어긴 나라라고 해서 마구잡이로 처벌할 수도 없어. 국제사회에서 대접을 받으려면 국력부터 키워야겠지?

셋째, 국제사회에는 영원한 적도, 영원한 동지도 없어. 또한, 때로는 협력했다가 때로는 경쟁을 하며, 때로는 갈등을 벌이는 것이 국제사회의 모습이지. 모든 나라가 자기 나라의 이익을 가장 먼저 생각하기 때문이야. 예를 들어볼까?

대한민국에 미국은 우방 국가야. 따라서 서로 많은 협력을 하고 있어. 하지만 항상 협력하는 것은 아니야. 미국이 우리나라와 무역 분쟁을 일으킨다면? 미국은 각종 제재를 해. 왜? 우방이라 하지만 가장 중요한 것은 자기 나라의 이익이기 때문이야.

사실 우리나라와 미국이 폭력적으로 대결을 벌인 적은 없어. 서로 전쟁을 한 적도 없지. 하지만 다른 지역에서는 우방이 적으로 돌변하는 경우가 적지 않아.

예를 들면 원래 미국과 이라크는 관계가 나쁘지 않았어. 이라크 독재자가 국제사회의 반대에도 침략 행위를 일삼았어. 그런 모든 행위가 미국의 이익에는 나쁘게 작용했어. 미국은 결국 이라크에 대한 모든 지원을 끊고 독재자를 제거하게 됐어. 갈등을 폭력적 수단으로 해결한 셈이지. 물론, 그 전에 대화로 해결하려 했지만 잘되지 않았단다.

한 나라를 구성하는 주체는 국민이야. 국민이 없으면 국가가 존재할 수 없어. 그렇다면 국제사회를 구성하는 주체는 누구일까? 바로 '여러 국가'가 돼. 여러 국가가 없으면 국제사회는 존재할 수 없는 거지.

국제사회를 구성하고 움직이는 요소들을 전문용어로 일컬으면 '행위 주체'야. 그렇다면 국제사회의 행위 주체 중 가장 중요한 것은? 당연히 국가가 돼. 국가는 국제사회를 구성하는 가장 기본적인 단위라고 할 수 있지.

하지만 국제사회의 행위 주체가 꼭 국가만 있는 건 아니야. 여러 나라가 모여 국제기구를 만드는 경우가 종종 있지? 이런 국제기구는 회원국의 협력과 참여가 없으면 운영이 안 돼. 그래서 그런 기구를 보통 '정부 간 기구'라고 한단다.

대표적인 정부 간 기구가 국제연합(유엔)이야. 유엔에 속해 있는 여러 기구도 당연히 정부 간 기구가 돼. 국제통화기금(IMF)와 같은 유엔 전문기구 또한 정부간 기구야. 유엔과 관련이 없는 국제기구도 있어. 대표적인 게 세계무역기구(WTO)인데, 이 또한 정부 간 기구이지.

이런 정부 간 기구의 회원국이라면 당연히 법을 따라야 해. 만약, 우리 정부가 장벽 없는 세계 무역을 하자는 WTO의 설립 취지에 반대한다면 당연히 탈퇴해야 해. 그렇지 않겠다면 WTO가 정한 법을 지켜야지. 세계 평화를 지키자는 유엔에 반대한다면 마찬가지로 유엔을 탈퇴해야지.

이처럼 정부 간 기구는 어느 정도 '강제성'을 띠고 있어. 하지만 국제적으로 활동하는 단체 가운데 법적 강제성이 없는 곳도 꽤 있어.

이런 단체들을 보면 각 국가의 정부가 회원으로 가입하지 않아. 뜻이 맞는 사람들이 자발적으로 회원에 가입하지. 국제기구 운영비는 회원국이 나눠서 내. 하지만 이런 단체는 자발적으로 회원이 된 사람들이 회비를 내지.

이런 단체들을 보통 '비정부기구^{NGO:Non Government Organization}'라고 한단다.

　전 세계적으로 환경운동을 리드하고 있는 '그린피스', 전 세계의 불쌍한 어린이를 돕는 '유니세프', 약자와 정치범의 인권을 위해 노력하고 있는 '국

제사면위원회', 전 세계적으로 의료 구호활동을 벌이고 있는 '국경 없는 의사회'. 같은 단체가 대표적인 비정부기구야. 비정부기구는 각국에 지부를 둬. 물론 우리나라에도 지부가 있단다.

이 밖에도 국제사회를 구성하는 또 다른 행위 주체가 있어. 바로 '다국적기업'이야. 미국 출신의 코카콜라나 맥도널드는 전 세계에 지사가 있는 글로벌기업이자 다국적기업이야. 이런 기업들이 전 세계에 미치는 영향 또한 막강해.

때론 개인도 국제사회의 행위 주체가 될 수 있어. 개인 자격만으로도 국제 사회에 영향력을 미치는 인물이라면 가능하지. 이를테면 유엔 사무총장이나 미국의 대통령은, 그 혼자만으로도 국제사회에 미치는 영향이 막강해. 우리나라에서도 이런 개인이 많이 배출돼야겠지?

이제 긴 여행을 끝낼 시간이 됐어. 중국의 동북공정 음모와 일본의 독도 침탈 야욕에 대해 낱낱이 따져봤어. 왜 그런 일이 벌어지고 있는지를 영토와 자원 차원에서 분석해 봤지. 또한, 우리의 국력을 키우기 위해서라도 통일은 꼭 필요하다는 점도 살펴봤어. 그러려면 국제사회의 지지를 얻어야하지. 그러려면? 그래, '외교' 문제를 잘 풀어나가야 해.

외교는 시대와 국력, 정부 형태 등에 따라 달라. 가령 고대의 우리나라는 주로 중국이나 주변의 민족들과 외교 관계를 체결했어. 대체로 중국은 숭상했고, 주변의 이민족은 때로는 가까이하고 때로는 멀리하는 교린 정책을 펼쳤지. 조선 왕조는 이런 외교 방식을 정식으로 채택하며 '사대교린'이라 불렀단다. 사실 중국에 대해서는 이미 살펴본 대로 아주 오랜 시간 '조공책봉' 외교를 펼쳤어. 기억하고 있지?

현대, 그것도 지금의 대한민국 정부는 어떤 외교를 하고 있을까? 대체로 세계화를 비롯해 전 세계적인 관심사에 적극 관심이 있고, 한반도의 통일을 지지해 줄 것을 국제사회에 호소하고 있어. 물론 우리 영토가 침탈당하거나 역사 왜곡이 일어날 때 단호히 대처하고 있어.

하지만 정말로 중요한 외교관은 정부 관료들이 아니야. 바로 우리 국민 한 명 한 명이 가장 중요한 외교관이란다. 한국을 방문하는 외국인에게 친절로 응대하는 것은 단지 관광수입 몇 푼을 올리기 위해서가 아니야. 그들에게 대한민국의 품격과 우수성을 전 세계에 알리기 위해서야. 이런 모든 행동이 외교가 되는 거지. 그래서 '민간외교'란 말을 쓰는 것 아닐까? 지금 자라나는 청소년들이야말로 가장 훌륭한 '민간외교관'이란다. 대한민국의 미래가, 너희 청소년들에게 달려있다는 얘기야.

모스크바삼상회의

1945년 12월 미국, 영국, 소련 세 나라의 외상(외무부장관)이 소련 모스크바에서 가진 국제회담. 미, 영, 소, 중 등 4개국이 5년간 한반도를 신탁통치하는 방안과 임시정부 수립을 위해 미소공동위원회를 개최할 것을 결의했다. 이 내용이 국내에 알려지면서 대대적인 신탁통치 반대운동이 불었다. 이 밖에도 제2차 세계대전이 끝나기 직전에 열린 카이로 선언(1943년 11월)과 포츠담 선언(1945년 7월)에 대해서도 알아둘 필요가 있다. 한반도 문제가 언급됐기 때문이다. 카이로 선언은 미국, 영국, 중국 정상이 모여 일본 영토 처리방법을 논의한 뒤 발표한 것으로 대한민국의 독립을 국제적으로 약속했다. 포츠담 선언은 일본에 대해 무조건 항복을 권하고 한국을 독립시킬 것을 채택했다. 일본은 이 내용을 받아들이지 않았고, 미국은 원자폭탄을 투하했다.

6·15 남북공동선언

2000년 6월 한국의 김대중 대통령이 평양을 방문해 북한의 김정일 국방위원장과 분단 이후 첫 남북정상회담을 가졌다. 6월 15일 회담이 끝난 후 두 정상이 공동으로 발표한 것이 6·15 남북공동선언이다. 공동선언문에는 통일 문제를 우리 민족이 자주적으로 해결한다는 대원칙을 담았다. 남북 경제협력을 활성화시키고 이산가족의 고향방문도 허용하기로 했다. 이에 따라 한국이 자본과 기술을 대고, 북한이 사업부지와 인력을 대서 개성공단을 가동했다. 또 남북한 이산가족의 교차 방문도 실시됐다.

개념정리 알찬복습

건국준비위원회: 1945년 해방 이후 우리 정부를 구성하기 위해 민족지도자 여운형이 만든 기구. 좌파와 우파 인사가 모두 포함돼 있었다.

북방한계선(NLL): 1953년 남한과 북한 군대의 충돌을 막기 위해 정한 경계선. 이 경계선을 북한이 무단 침투하면서 연평대전이 터졌다.

1국1표 주의: 유엔 총회가 열리면 회원국은 강대국이냐 약소국이냐와 관계없이 한 표만 행사할 수 있는 원칙.

유엔 안전보장이사회: 유엔의 핵심기구로, 국제사회의 평화와 안보를 담당한다. 미국, 영국, 프랑스, 러시아, 중국 등 5개국은 영구 상임이사국으로 막강한 권한을 행사한다. 비상임이사국은 10개국이며 임기는 2년이다.

행위주체: 국제사회를 구성하고 움직이는 요소. 국가와 정부간 기구, 비정부기구 등이 있다.

비정부기구(NGO): 특정한 목적을 가지가 자발적으로 회원이 된 사람들이 움직이는 단체. 그린피스, 유니세프 등이 대표적이다.

사회포기자를 구원해 줄 희망의 스토리텔링 통합사회책

통박사의 중학사회 통으로 끝내기_국제정치

초판 1쇄 발행 2014년 10월 10일

지은이 김상훈

펴낸이 민혜영
펴낸곳 카시오페아
주소 경기도 안양시 동안구 임곡로 43, 111-203 (비산동, 그린빌주공아파트)
전화 070-4233-6533
팩스 070-4156-6533
홈페이지 www.cassiopeiabook.com
전자우편 cassiopeiabook@gmail.com
출판등록 2012년 12월 27일 제385-2012-000069호

디자인 김태수
본문그림 차승민

글 김상훈 © 2014

ISBN 979-11-85952-03-1 (43300)
ISBN 979-11-85952-02-4 (세트)

이 도서의 국립중앙도서관 출판시도서목록(CIP)은 서지정보유통지원시스템 홈페이지(http://seoji.nl.go.kr)와
국가자료공동목록시스템(http://www.nl.go.kr/kolisnet)에서 이용하실 수 있습니다.
(CIP제어번호: CIP2014027343)